WEALTH

天窗出版

龍市樓論

汪敦敬 著

目錄

第一章

「牛熊」不再　龍市代之

第二章
龍市支持下的「上車」心法

第三章

浪比浪高下的投資智慧

第四章

捕捉大基建下的新常態

第五章

觀大局　知龍市

謹將此書獻給家姊、

亦是教我地產專業知識的師父

汪鳳儀女士致敬意！

自序

近年筆者得到傳媒及網上讀者不少錯愛，稱為「最準的樓市評論員」，有KOL將我過去十年的評論和中原指數作一個比較，認為不論升和跌的預測也是近乎百分之一百準確的；2019年6月，香港遇上了社會運動和之後緊接而來的新型冠狀病毒肺炎的蹂躪，我創立的一套樓市新常態理論仍然能受得起考驗，我希望在更有系統編輯後能給到讀者完整的概念去分析市場及策劃房地產投資。

其實我在2009年開始，深感金融市場是出現了新常態，有不少結構上原本是美國的強勢都是默默地轉為由中國去主導，由那時起我就研究新常態的樓市現象，並發展了一套新的樓市理論「龍市理論」，因為我深感在新常態之下牛熊市理論已不適合於以中國資金及宏觀調控（樓市辣招）為主導的香港房地產，在十年醞釀這個概念的成長裡面，我們的預測的而且確比較其他理論準確得多。

在2009年之後，我們有四次「龍市二期」（樓價調整期），在我們的理論來說，這是一個入市時機，但以傳統的牛熊概念，這個卻是牛市三期或者熊市即將來臨的階段，很多人因為用傳統概念所以錯失了機會，甚至做錯了決定，所以我是希望將這套理論透過書本發行完整地向所有人分享，我認為學問可以在更多人交流之下，和其他學者互動而令到公眾受惠。

汪敦敬

推薦序

前輩：

黎永滔（百億舖王）

入市秘笈

知識就是財富，不少人都怕「教識徒弟餓死師傅」，所以很多時候傳授知識都會有所保留，但我十分欣賞汪生能在著作中深入淺出、毫不保留地，將精湛內容及心得跟大家分享，惠及各界人士，汪生的新著《龍市樓論》絕對是投資初哥及資深投資者的入市秘笈！

王文彥（中原地產創辦人）

創見、膽識和自信

認識汪敦敬先生已經20多年，是很談得來的好友。汪先生這個人很有創意，思想前瞻，常能發人所未發，言人之所不敢言。

光看他這本新作《龍市樓論》，通篇都是創新詞彙和金句，例如「剪羊毛周期」、「錢罌效應」、「龍市理論」、「鬥印得多之餘，同時亦鬥借得少」、「隨著近年的樓市辣招等調控措施推出，實際都是一道道禁借令」、「在各項辣招配合壓力測試及入息比率下，樓市已經成為精英樂園，是AAA級優秀市場」、「政府宣佈未來10年公私營房屋新供應比例由六四比改為七三比，幾乎我認識的發

展商也拍手叫好，無疑是廢除了空置稅的效力。何況空置稅甚至明日大嶼只是緩兵之計」、「一些評論員甚至高官口中說的所謂按揭泡沫，都是子虛烏有！」

不但敢言，而且語出驚人！

近期香港樓市面臨前所未見、巨而多的利淡因素，不少樓市評論員（包括筆者）紛紛以傳統循環周期理論去警告投資者他們面臨的危機，汪先生祭出他的「龍市理論」，從另一角度去解釋現時樓市的詭異現象，並逆思維地忠告投資者「樓市復甦比預期更快，買或不買也有風險。」、「錢罌效應進入新階段，樓市乘風破浪令人目瞪口呆的時代也即將來臨！」、「由2009年起因中國重要的經濟角色崛起，市場不再以傳統泡沫經濟的牛熊市走，而是改為中國資金及宏觀調控為主導，以『龍市』這個浪比浪高，以「龍市一期』（樓價向上）及『龍市二期』（調整鞏固）交替前進去發展。」

究竟誰的理論站得住腳，「循環周期」還是「龍市理論」？時間會證明一切，但汪先生在新著作所彰顯的創見、膽識和自信，已足夠令人動容。

張炳強

啟示市場新常態

我與敦敬兄相識廿多年。他的敬業樂業精神及對市場的多角度分析，令我非常敬佩。《龍市樓論》可為讀者們如何應對未來一段時間香港物業市場的新常態，提供寶貴啟示。

資深測量師：

黃雍盛 （雍盛資產評估及房地產顧問有限公司創辦人）

握據論理、俯瞻形勢、睿智判斷、字字珠璣、祥益惠港。

張翹楚 （泓亮諮詢及評估有限公司董事總經理）

「欠債還錢」本是天經地義，但這法則在2008年金融海嘯後，徹底改變。2019年美國帶頭量寬、印鈔買債，在這種扭曲操作下，銀行體系資金過份充裕、導致利率下滑，美元貶值。但作為世界貨幣的美鈔，在多次量寬後，資金不斷流竄各國，導致各國資產暴漲。面對突如其來的衝擊，各地政府也只可一邊跟隨量寬，又同時要盡出辣招，壓抑房價，以免加劇貧富懸殊及民怨。

經此一役，大家意識到債券發行了，原來是可以增發鈔票來抵債，債務誰來償還，還看國力。量寬容易，收緊卻難，既然資金如江河決堤般湧入實體經濟，政府也只可以伸出有形之手，積極干預。全球經濟角力下，香港也不能倖免，辣招尤如解衣包火，難阻地產價格升溫。汪敦敬博士的「龍市理論」正好表述出這樓市實況，而過往十年的樓市現象，也印證了這「龍市理論」。筆者認識的汪博士，多年來一直身體力行，縱橫房地產市場，戰績彪炳。若各位想力抗十年鈔票變廢紙，筆者誠意推薦閣下閱讀這本由汪博士親身解讀《龍市樓論》的房地產寶鑑。

邵志堯 （註冊合規師公會ESG委員會總召集人）

和汪總拍了數十集樓市節目，跟他有一種奇妙的化學作用，他的親和力及包容可令我有時過了火的幽默感讓人接受，是小弟要學習之處，雖然最初並不十分接受他的《龍市理論》，但在他催眠洗腦式的宣傳之下，加上市況真的如他所描述，也不由不寫個「服」字。

商會領袖及發展商：

蔡志忠 （資深投資者及香港專業地產顧問商會會長）

我推薦這本書，是因為只有成功的發明者，才能將龍市演繹得淋漓盡致！

《龍市樓論》匯聚了汪敦敬博士38年的地產智慧，讀完這本書，你就會明白甚麼是「書中自有黃金屋」！

方文彬 （資本策略地產有限公司執行董事）

汪先生客觀和前瞻的樓市評論，在地產界是不可取代的；《龍市樓論》更精準解讀了香港樓市過往十年的發展以及未來的趨勢。

對於我來說，亦師亦友的汪先生令我獲益良多。

KOL：

Ann 姐 （「買樓上車防中伏」作者及cMoneyHome網站創辦人）

市場噪音很多，如何有根有據保持理性？對於有心從根基學起一步步建立穩升資產的讀者，這本書可以幫你「笑到最後」。

Anthony （1% 投資培訓學院及物業投資導師）

恭喜汪總新書面世！如果你想買樓投資，這本書簡直非看不可！事實上，汪總的「龍市理論」對我有很大啟發，如果你身邊還有人跟你說甚麼「牛熊理論」，甚麼「周期理論」，你可以介紹他看這本書：「Out 啦！而家係龍市時代！」

King Sir 葉景強 （資深物業投資者）

一位被譽為「最精準預測樓市」的評論人！

一個能令你「睇通未來樓市走勢」的理論！

一本記載著「30年成功投資心法」的天書！

好友汪博士的《龍市樓論》足以影響你的一生！

葳葳 （「葳言大意」監製及主持）

為汪敦敬先生平反！

大約6年前做電台主持的時候已經認識汪生，當時香港樓價已經處於歷史高位。汪生斬釘截鐵的說樓市會再創高峰。我當時聽到心裡在滴汗，「樓價已經咁高，佢仲咁有信心繼續看好。」結果大家都知道！後來跟他多次接觸及訪問，知道他在分析樓市時，做了大量研究，加上前線一手資料，龍市理論因而誕生（其實龍市理論已經超過10年歷史），汪生的成功絕非僥倖。

如果10年前，有股票專家看恆生指數到10萬點，最後如願以償，那個專家一定被封為「股神」！但為什麼汪生多年前預測樓市創新高，最後應驗，反而經常引來網民抨擊？我其中一個節目嘉賓話，香港樓價高企，沒有買樓的普羅大眾覺得被剝削，地產代理是代罪羔羊。我問為什麼不怪罪發展商及政府？他回應：「佢哋唔係經常做訪問！」

真金不怕紅爐火，我在訪問時問汪生：「如果有一天，樓市大跌，你怕不怕名譽掃地？」他回答：「我希望在開始跌的時候提醒大家，這才是我的職責！」

推薦序

諗 sir（成家課程導師）

汪總年青時在大窩口打拚的地方，就是我小時候課後同鄰居捉迷藏的地方。看著祥益地產壯大的路，有感汪總對樓市的精闢見解，拓展業務的思考格局，絕對值得你啄磨吸收。再次多謝汪總多次出席〈樓市真相〉節目訪問！

知名博客：

法子（自我戲言三傻之一）

老友汪生又出書，找我寫推薦文，老實講法子內心是高興的，想一想，汪生在地產圈中結識那麼多人，出一本關於地產的書籍，竟然找一個小角色去寫推薦文。

過去十年，為什麼汪生和我會成了好友？我覺得是因為汪生和我在評論樓市時都堅持講真話。需知道樓市之中有不同持份者，不同立場的人，很可能會抨擊你。

曾經一次晚飯，我問汪生：「評論樓市其實好蠢，因為如果你講真話，睇好樓市，沒有物業的人或者早年賣出物業等樓市跌的人，很可能不斷攻擊你。為什麼你還要評論樓市？」汪生反問：「咁點解你又咁蠢？」之後大家舉杯再飲，一笑置之。

樓市評論員之中，有能力而又講真話的人不多，希望大家要珍惜汪敦敬！

亮劍（自我戲言三傻之一）

測市至尊，必有牛熊，獨步天下，莫敢不從！龍市不出，誰與爭鋒？

PP（自我戲言三傻之一）

過去多年，市場上一直有很多關於樓市的評論及分析，我認為汪生的評論最為準確及貼市，而汪生對分析樓市轉角市的準繩度可以按「月」、甚至以按「周」去計算。而他提出的龍市理論，與本人過去的數據分析方法雖不同，但對樓市發展方向的看法卻不謀而合。

我十分尊重及欣賞汪生，主要一個原因是汪生的「真誠」，他會「有碗話碗、有碟話碟」的去評論樓市，而從不會因種種不同原因及得失而隨意改變看法，以迎合大眾多變的「口味」，汪生一直忠誠的向讀者分享自己的看法。其次，汪生的龍市理論亦一直以客觀的數據佐証，正所謂「有証有據」及「實的的」。

就此，本人誠意同各位讀者推介這本書。

第一章

「牛熊」不再 龍市代之

1.1
龍市時代
如何誕生？

2009年後，不少評論家及有識之士賴以評估樓市的傳統市場周期改變了，熊市沒有出現，牛市改變了節奏，所謂「加息周期」也不復見，市場發生了甚麼結構性改變？令中國資金及宏調秩序下的龍市市場模式乘勢而起？

過去是「剪羊毛周期」

我認為，我們在2009年前認識的「環球經濟周期」實際是由美國所主導的。美國配合運用「貨幣發行周期」去主宰世界，這其實也是「剪羊毛周期」。美國多年來以印鈔擴張實力，但印銀紙後再在合適時候將資金由世界各地縮表回收，每次當收回時也會引起各城市的市場近乎崩潰。在恐慌的災難下人們又搶購美元及其金融產品以避險，這等同別人代美國量化貨幣的代價「埋單」！於是美國就可以不斷循環去作這些「貨幣發行周期」，即是不斷剪

羊毛剝削了！

美國的商業伙伴包括其盟友一向也不甘心任人魚肉，人們多年來也想擺脫這種控制。終於，2007年後出現了各國回復自主的契機！

美國長期的財政赤字，雖然過去可透過不斷發行債券及量化寬鬆貨幣政策去應對，但當整個資本主義社會也出現經濟衰退的時候，美國便需要一個強而有力的新買家才足以挽救國內日益嚴重的入不敷支。中國，在此時候踏上了世界舞台帶來了一切改變。

第一章 ── 「牛熊」不再　龍市代之

人民幣地位提升　打破美元壟斷

看數據知真相，2000年中國擁有的美債只是714億美元，M2（廣義貨幣供應量）只是12萬億人民幣，去到2008年至2010年之間中國開始大舉買入美國國債近7,000億美元，使中國的美債持有量由5,000億美元水平大增至近1.2萬億美元的水平，成為了美國的最大債主。當時很多人取笑中國吃虧，將辛苦從工業賺到的錢奉獻給美國，卻其實，美國雖利用中國延長她的霸主年代，但中國從此成為了美國之外最能提供美元的兌換對象，人民幣的信用地位也因此急升，對美國來說潘朵拉的盒子已打開了，貨幣市場也從此打破了壟斷！

貨幣壟斷的結束，代表了各國在2008年之後的環球量化貨幣潮，不需要再仰美國鼻息！

貨幣不受美國控制，自然由那天起，人民幣成為各國歡迎的貨幣。2020年4月底，中國M2共比2000年增加了約16倍，至209萬億人民幣。可幸的是，與中國在金融和商貿交易不需要擔心「剪羊毛」及「貿易戰」。這也是各國淡化依賴美元的良機，各國也如脫韁野馬般，透過與中國商貿及直接兌換貨幣，大幅度地量化了其本國的貨幣。

世界，進入了易放難收的「大量化貨幣年代」。

2018、2019年美國的縮表並沒有帶來各國市場的崩潰，代表了這次「剪羊毛」的失敗，更反映了各國已不太依賴美元甚至美國資金，更印證各國的貨幣供應已可自己支撐大局。

執筆之時（2020年7月），國際資金的確在氾濫下仍然持續量化，各國也明白當中凶險，所以也同時推出措施抑制投資。在新大局的遊戲規則就是「鬥印得多之餘，同時亦鬥借得少」，於是市場結構和邏輯跟過去迥異之下，「龍市時代」來臨了！

1.2
甚麼是
龍市

甚麼是「龍市理論」？這是一個服務中國資金為主與宏觀調控市場的走勢理論。

以「龍一」及「龍二」交替出現

在2009年的環球量化貨幣引起的新市場結構和新常態下，市場以「龍市一期」（購買力釋放的樓價上升期）及「龍市二期」（因政府政策出手干預，而引起的樓價調整期）兩個階段交替循環，形成浪比浪高的樓價趨勢。

香港的樓市結構（尤其住宅）仍然受四大支柱支持，包括是高資金、低按揭、供應不足、高價格引起的財富效應，再加上受多番的政策措施調節，市場結構變得愈來愈強健穩固，無論以谷底還是高峰去計算也好，樓價也是拾級而上的。

「龍市理論」正是在理論基礎和技術分析上提供註解和方法，助消費者捕捉過程中的進退時機。

圖表1.21　差估署樓價指數配對龍市圖析

從圖中可看到，樓價（住宅）是不斷以龍市一期（即釋放購買力）與龍市二期（調整期）交替出現，形成浪比浪高的樓價趨勢。

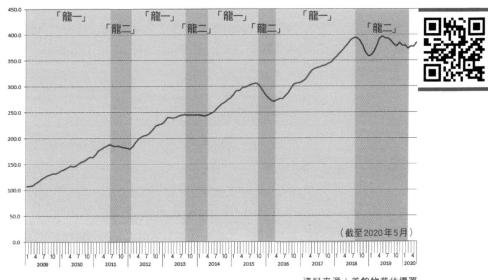

（截至2020年5月）

資料來源：差餉物業估價署

龍市理論英文版

筆者一開始發表龍市理論時，也發表了英文版本，現記錄如下給大家多作參考。

What is the theory of "Dragon Market"?

There was another retaliatory rebound in the property market, and a similar property market adjustment has occurred for the fourth time since 2009. After 2009, the term 'Bull and Bear' can no longer describe the property market in Hong Kong appropriately. During this period, I coined the term "Dragon Market". I can always grasp the cycle of adjustment and rebound of the property market beforehand. Since there are achievements, I should let everyone know more about the theory of "Dragon Market."

"Dragon Market" is a theory of trend that describes China's funds and macro-control markets. Take Hong Kong's property market as an example. The Hong Kong's property market has entered the era of low borrowing from the era of high borrowing, the era of flooding of funds from the lack of funds, and has changed from high supply to insufficient supply. In addition, with the low interest rate, each adjustment will further strengthen the original low-bubble market. More importantly, every time the property price falls, the market will accumulate more purchasing power. I, therefore, describe this phenomenon as a 'pseudo-fall'.

Compared with what we observed in 1997 that the adjustment of property prices has been constantly 'evaporating' purchasing power, this is a completely opposite picture. Under the relevant basis, property prices are constantly appearing in two phases: the first phase of 'Dragon Market' (i.e. the release of purchasing power), and the second phase of 'Dragon Market' (i.e. property price adjustment), forming a trend of property prices like 'waves', going up and down.

Since August 2018, there has been a "pseudo-fall" in the property market. As always, this phenomenon removes bubbles and results in a stronger purchasing power. Hong Kong's M3 hits a two-month high; "time deposits" have grown even more; the purchasing power of the original market is getting stronger and stronger. As such, The purchasing power will gradually be released when the market atmosphere improves. I hope that all of you can grasp the opportunity to enter the market that is still at a discount to the peak of the previous property price.

1.3
龍市的
4大基礎

在投資上，資本主義及社會主義最大的分別是，資本主義是奉行讓市場自由運作的，市場是有趨勢可尋的，因此才有牛市時期及熊市時期給大家去追隨，這做法經常也被大鱷有機可乘。

原本「牛熊市」主要反映的泡沫由膨脹至爆破的部份已經萎縮了，新常態已經出現，龍市和牛熊市比較下的好處就是，沒有泡沫爆破期間出現的大顛覆，受傷害的人較少，可以長期擁有利益的人多很多！

世界的確變了，以往牛、熊理論服務的泡沫經濟結構已經完全改變了，而且大部份因素更是情況相反的，由以往的高借貸比率引起的高負債、資金相對不足、供應有過剩的時候，改變成為現在的樓價向上的四個基礎結構，分別是高資金、低借貸、少供應和高價格下衍生的財富效應為市場環境作支持，我們稱這四種結構衍生的新常態市場為「龍市」，各因素筆者逐一為讀者詳細講解如下：

圖表1.31　龍市的基礎結構

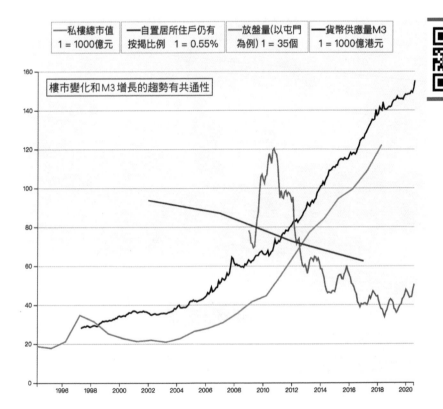

圖例：
- 私樓總市值 1 = 1000億元
- 自置居所住戶仍有按揭比例 1 = 0.55%
- 放盤量(以屯門為例) 1 = 35個
- 貨幣供應量M3 1 = 1000億港元

樓市變化和M3增長的趨勢有共通性

SCAN 看最新的圖表

資料來源：綜合差餉物業估價署、政府統計處、祥益地產、香港金融管理局數據

圖1.31的龍市基礎結構是「2高2低」，分別是高資金（M3）、高價格（香港私樓總市值）、低借貸（自置居所仍有按揭比例）和少供應（放盤量，以屯門為例）。

1. 高現金流

最影響樓價的因素是貨幣！

我同意「現金流為王」這句話。現金流如何為王？至2020年7月底為止，香港的M3（泛指總存款量）已經達到15.53萬億港元，同時，香港銀行體系港元連同外幣存款接近14.46萬億港元。截至2020年7月的過去12個月香港住宅成交總金額只是5,792.76億港元，樓市只佔M3的3.7%，市場太渺小，資金太多，樓市的確固若金湯。

圖表 1.32　香港貨幣供應量 M3（萬億港元）

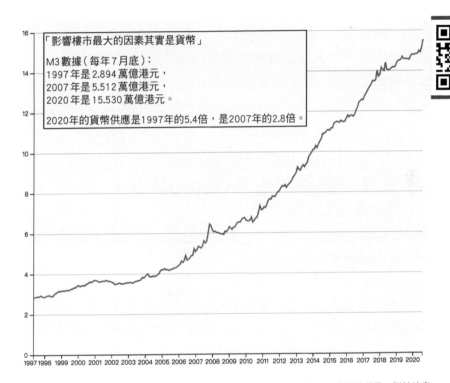

「影響樓市最大的因素其實是貨幣」

M3 數據（每年7月底）：
1997 年是 2.894 萬億港元，
2007 年是 5.512 萬億港元，
2020 年是 15.530 萬億港元。

2020年的貨幣供應是1997年的5.4倍，是2007年的2.8倍。

SCAN
看最新
的圖表

資料來源：金融管理局、祥益地產

回望香港M3過往的增長，1997年7月底是2.89萬億港元，2007年7月底是5.51萬億港元，2020年7月底是15.53萬億港元。因此2020年香港的貨幣供應是1997年的5.4倍，是2007年的2.8倍。

貨幣供應量與長期的資產價格之間存在著一個直接的關係，增加得太多的貨幣供應量，去追逐有限的資產，從而使香港樓價持續上漲，為香港樓市的長遠趨勢提供一個穩固的基礎。基於「影響樓市最大的因素其實是貨幣」，因此筆者作為樓市評論員近年都要鑽研資金流向，基本上，境內資金過多樓價就易升難跌，相反亦然。而資金氾濫下，銀行加息只會不對等增加自己的成本，息率也必然處於低位。

M3定律：樓價與貨幣增長成正比

至於未來的貨幣走勢如何？起碼我們應弄清楚：環球是否繼續大量地量化貨幣？

如果樓市要結構性向差，必然有一個特性就是資金流出！普通人憑甚麼免費、簡單容易分析、卻又相當可靠的數據去分辨到資金在增加還是減少呢？我提倡看M3數據，因為金融管理局每月尾發放的這個完整數據，足以令任何普通市民也充分了解國際資金流如何左右香港市場的資金總量。1990年至2020年4月，香港樓價共升了7.4倍，這和量化貨幣以數十倍增長的情況相近，或有滯後，卻如影隨形，這種與樓市的互動關係，我叫做「M3定律」！我們可看圖表1.33，便了解到樓市變化和M3增長的趨勢的共通性。

知風雲，還看M3！

圖表1.33　M3樓價圖

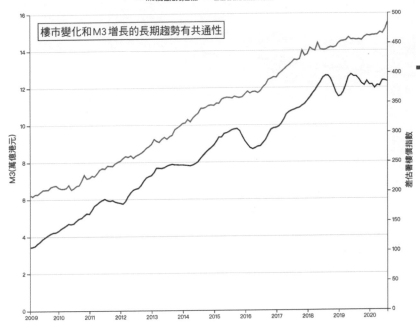

— M3(萬億港元,左軸) — 差估署樓價指數(右軸)

樓市變化和M3增長的長期趨勢有共通性

資料來源：差餉物業估價署、香港金融管理局

2. 低借貸率

另一個對樓市的重要數據是「貸存比率」，是指貸款額與存款額的比率，除了是評估銀行體系流動資金水平的指標，更重要是反映香港人是否擁有豐厚儲蓄及是否過度借貸，間接反映香港應對金融危機的防禦能力。

2020年貸存比率低於 1

1997年6月，貸存比率去到1.58，當時的銀行體系認可機構的存款總額是2.707萬億元，而貸款總額則是4.286萬億元，靠過度借貸取得的繁榮成果最終還是要還。直到1999年4月，貸存比率是0.99，存款總額才慢慢追上貸款總額。2020年7月貸存比率是0.75，這比1997年高位的1.58健康，金管局為銀行體系所做的，也令我們的資金做好風險管理。

而根據2016年的人口普查的結果，全港自置未供滿樓仍有按揭的住戶不足35%，其中供款與入息比率中位數只有18.4%；再從金管局的資料看看住宅按揭結構，新批出住宅按揭貸款的平均供款與入息比率只有36%（2020年2月數據），平均按揭成數是58%（2020年4月數據）。

圖表1.34　自置居所仍有按揭比例

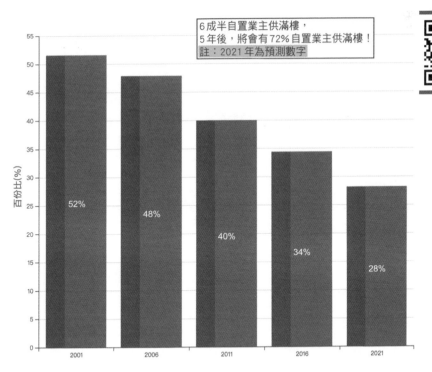

6成半自置業主供滿樓，
5年後，將會有72%自置業主供滿樓！
註：2021年為預測數字

SCAN
看最新
的圖表

百份比(%)

52%　48%　40%　34%　28%

2001　2006　2011　2016　2021

資料來源：政府統計處

也看看2020年7月的香港按揭貸款的撇帳和拖欠比率，拖欠比率（超過3個月）是0.04%，即近99.96%有按揭的業主每月準時供樓，而當月的撇帳額是零！

多輪逆周期措施令樓市更穩健

在2008年金融海嘯後至2020年，香港金融管理局共實施了8輪逆周期按揭措施去鞏固樓市和銀行體系。這段時間裡，住宅按揭貸款拖欠比率在0.05%以下的低水平徘徊。一些評論員甚至高官口中說的所謂按揭泡沫，都是子虛烏有！

隨著近年的樓市辣招等調控措施推出，實際都是一道道「禁借令」，在各項辣招配合壓力測試及入息比率下，樓市已經成為精英樂園，是AAA級的優秀市場，在動盪的貨幣戰爭下，金融系統其實日益倚重房地產和減少泡沫去穩定局面！

只是，「樓價是買方和業主博奕後的結果。」即是說如果業主的強勢遠高於買家的話，樓價自然也易升難跌了。

圖表1.35 香港銀行體系的貸存比率

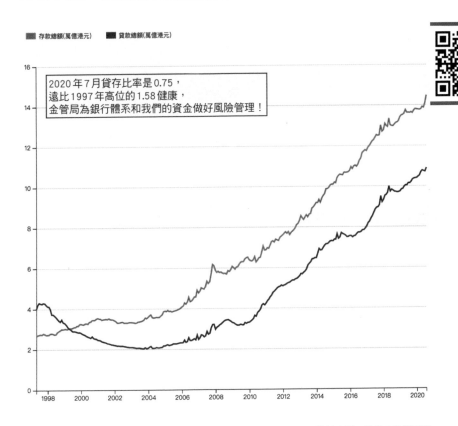

■ 存款總額(萬億港元)　　■ 貸款總額(萬億港元)

SCAN
看最新
的圖表

2020年7月貸存比率是0.75，
遠比1997年高位的1.58健康，
金管局為銀行體系和我們的資金做好風險管理！

資料來源：香港金融管理局

3. 供應不足

在2019年樓價仍被人認為是低潮的1月2日，我和一群博客進行了網聚，我們亦曾強調幾點：

第一，前特首梁振英在離任的時候，將私人住宅一手市場潛在供應提升至9.8萬伙的高水平，比上任前增加3.3萬個供應。（看圖表1.36）

圖表1.36　香港私人住宅一手市場的潛在供應量

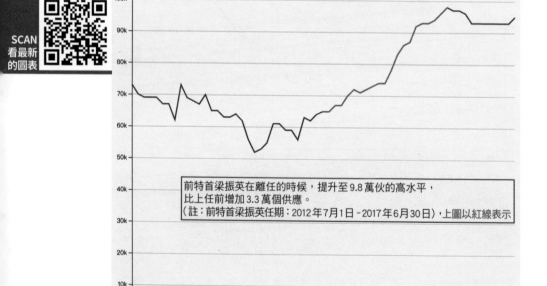

前特首梁振英在離任的時候，提升至9.8萬伙的高水平，
比上任前增加3.3萬個供應。
（註：前特首梁振英任期：2012年7月1日 - 2017年6月30日），上圖以紅線表示

資料來源：運輸及房屋局

第二，但在2017年開始，政府造地是大減約75%，前特首梁振英時代的住宅賣地地盤面積平均每年是288.9萬平方呎左右（2012年7月至2017年6月），到了特首林鄭月娥則是平均每年只約100.7萬平方呎（2017年7月至2020年6月）。

第三，當時我和博客法子列舉數據預測，由2022/2023年開始，樓市供應量將出現斷崖式斷層。（看圖表1.37）

圖表1.37　屋宇署動工量和落成量數據

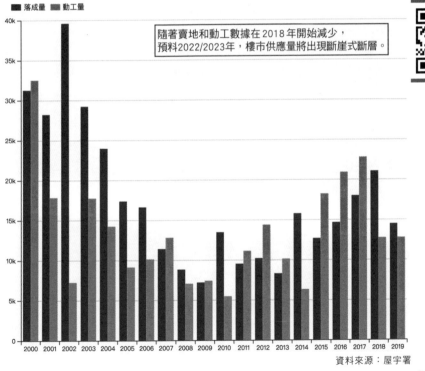

■ 落成量　■ 動工量

隨著賣地和動工數據在2018年開始減少，預料2022/2023年，樓市供應量將出現斷崖式斷層。

SCAN
看最新
的圖表

資料來源：屋宇署

整體一手樓供應下降

現實中的土地短缺較政府說出來的嚴重得多，政府現在往往是以13,500伙私人房屋為每年的供應目標，但是這數目是完全不夠的，2013年至2018年平均每年結婚有5.24萬宗登記，同期內地來港單程證平均每年有4.51萬人，2018年優秀人才入境計劃亦有約5千名額，還有不斷累積的劏房戶，而香港人出身的亦有很多人被逼成為租客或者和家人一起住，香港土地問題是嚴重的，非大量增加土地數量不可以解決的。

在2018年12月21日，政府宣布未來10年公私營房屋新供應比例由六四比改為七三比，幾乎我認識的發展商都拍手叫好，無疑是廢除了空置稅的效力，何況空置稅甚至明日大嶼只是緩兵之計，如果在這段時間沒有新的供應，其實我們很快就會面臨樓市的升災。在新的供應比例下，每年私樓供應目標是13,500伙單位，即平均每月約1,100伙的水平，比以往六四比減少25%，比90年代平均每月的2,200伙供應減少50%，由此可見一手樓市供應的趨勢將是拾級而下的。

辣招副作用：二手放盤量大跌

二手放盤量方面，以屯門區為例，由2010年到2020年已經減少

了六成。樓市辣招的原意是確保市民有足夠能力應付金融震盪和減少短線投機者，但是副作用令二手市場的放盤量大幅急跌，加劇了上車市場的樓價升幅，二手供應減少令上車變得困難，嚴重影響了民生和公眾利益。

圖表 1.38　屯門二手放盤量

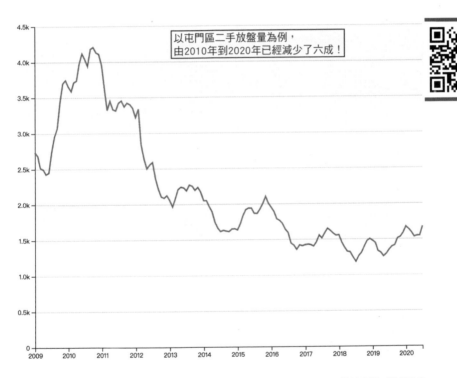

以屯門區二手放盤量為例，
由2010年到2020年已經減少了六成！

SCAN
看最新
的圖表

資料來源：祥益地產

我希望市民面對供應不足的事實，用力去支持政府造地。不過不少人的反應是不支持政府造地，以反對政府為樂，縱使不少「草根」是供應短缺的受害者也好，他們仍樂此不疲去阻止政府造地。環保本身就是一個資源上的管理，但是不斷否決開發的結果最後是甚麼土地方案也擱置了！看看數據可以了解現實中的樓市供應不足十分嚴重。

香港本來擁有一個最便宜的土地供應庫，是下一代的最重要資產，只要我們願意去提取，我們便有很多便宜的土地，而且很快成為供應，這就是原本所謂的環保綠化地了，只要我們在地圖上

找出一些行山人士不會行的郊野土地,這些地近水、近電、近公路,正正是可以很快開發的土地,因為沒有人佔據、沒有地主,我們不需要作地價賠償,也不需要填海費用,所以只要提取5%的土地出來運用,我們已經可以在未來10年再多數十萬的供應。

4. 財富效應

樓市的三大購買力,分別是「上車」需求、財富效應,及中國資金推動樓市,在三者當中,筆者認為最深厚的力量就是「財富效應」,但要認識財富效應之前,必先認識形成此力量之始的「錢罌理論」。

先了解「錢罌理論」

2008年開始,我每年一月初都會為樓市發表「我對樓市的十個忠告」,那年開始已提醒人們不可忽略「供滿樓」的物業將日益增加的這個重要的主流新常態。

2008年時,我已是這麼說,到今天我仍然是這個想法:

「香港樓市在97年後沉寂近十年,樓市最差時負資產物業氾濫,觸目驚心,置業比率自然偏低,卻也形成『持續供樓』的人自然增加,最後結果當然是供滿樓的物業及比率也創新高。這群空前龐大的購買力之所以仍未爆發(筆者在2006年在文匯報發表的文

章中，稱這現象為『錢罌效應』），是因為香港在九七後吃的苦令香港人變得異常謹慎，但隨著時間的過去，人自然會淡忘痛楚，加上國家日益強盛，面對資產高升值及高通脹，不少人財入急門，人們想繼續保持審慎談何容易？這股市場力量會在景氣市道隨著樂觀氣氛逐漸釋放出來，足以再帶起整個樓市。」

「供滿樓」人士不急賣樓

去到2009年，我撰寫了「房屋政策建議書（二）二手市場可運作得更好」並透過香港專業地產顧問商會向政府提交建議，強調了：

「樓宇雖是市民藏富之所，卻很多人也忽略了，賣不出樓的業主，縱使在其個人及社會經濟無進展下，最後也因為日漸『供滿樓』而反過來成了一股強勁充裕的購買力，他們可以是實力充盈的購買力，卻也同時是實力優厚的業主。

這種『錢罌效應』或者是『富爸爸時代』的來臨若被低估，令業主不需要割價求售及買家有較多的加價能力，當遇上樓市被看得太淡的市場出現時，或當成交少，業主又實力充盈不肯減價時，市場上的放盤量就會日益減少，2009年4月的小陽春，就是因為二手市場的樓盤急降而引起的！」

當二手市場的業主及買家力量被低估後，最後市場可能會意想不到地快速復原，這結果最大損失的是人云亦云沒有趁機入市的基層購買力，令社會的財富沒有因為市場的調整而作良性的重新分配及轉移。

當然，小代理人微言輕！之後十年出現的情況，人們卻真的忽略了市場結構的改變，筆者不幸言中了！

圖表 1.39　30 年期按揭供款的本金利息比 (利率為 2.375%)

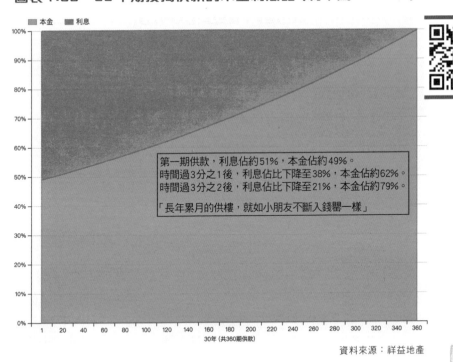

第一期供款，利息佔約51%，本金佔約49%。
時間過3分之1後，利息佔比下降至38%，本金佔約62%。
時間過3分之2後，利息佔比下降至21%，本金佔約79%。

「長年累月的供樓，就如小朋友不斷入錢罌一樣」

30年 (共360期供款)

資料來源：祥益地產

1.4
兩股財富效應力量

資產升值及供滿樓

2017年我接受無線電視的「名人樓言」專訪的時候，我發表了「財富效應」（因所持資產升值而衍生的購買力），這股剛成熟的購買力即將成為主流，而且令人錯判市場的變化，節目有專業的報導也令市場矚目，以下是同期在經濟日報的撰文，各位可參考一下：

因資產升值衍生購買力

「我認為樓價仍然會繼續較大幅度上升，原因是令樓價上升的因素不單沒有改變，而且是日益惡化。一手供應量我們只是90年代平均水平的6成左右，而二手放盤量則比2010年剛推出樓市辣

招時大跌65%，我不明白20年後的今日為何會足夠，資金我們一樣是愈來愈多，香港M3（泛指總存款量）看到的9月份仍是新高（13.53萬億元），租金亦仍然是亦步亦趨於上升的樓價，我們的市場就走向微小化，細單位、劏房等令到租金的呎價更加高，息率方面在這幾年的所謂加息，香港並沒有追隨加息。

未來我們面對的其實是財富效應，即是因資產升值而衍生的購買力，『市場是由購買力三角形的上端所接收的』，我們看看數字，參考2016年的人口普查，香港170萬個可售單位中，佔大概100萬個是供滿樓的！

供滿樓人士回歸市場

在我們的社會中，有資產者已經可以完全接收樓市辣招效應下收縮了的市場成交量，現在的成交量只佔供滿樓人士的6%左右，供滿樓人士衍生的購買力可以透過『父幹一族』、買車位、甚至用其他名義去買多間物業去製造升價循環，即是透過自己去購買物業而鞏固自己仍然手持的物業價格向上，升價循環可以是無底線無限量去膨脹的，熾熱的升價循環可以製造類似96、97年的急速升價，升價循環的最大剋星本來就是高成數按揭，只有高成數按揭爆破才可以摧毀及終止升價循環，但樓市辣招下我們現在不存在高成數按揭，而且借貸在歷史性的低位，最助長升價循環就是市場成交收縮，令有資產者可完全佔據市場，而樓市辣招正

正是做著這件錯事，樓市辣招必須要釋放不應該束縛的購買力，例如第一次上車及一換一的換樓人士，令到市場增加成交及增加細單位放盤，這才可以化解日益熾熱的升價循環及財富效應。洪水只宜疏導不宜堵塞。」

社會成長，購買力的組織也不同，當房地產這資產市場在供樓的過程中，是一個聚積的階段，但當供滿樓（或供了大部份）後，就有如「錢罌」滿溢，購買力總要有釋放的時候，這個階段我們叫財富效應階段。

財富效應第一期是指供滿樓的業主不少是將單位作再按揭以得到新資金去投資，也包括新興的「父幹一族」（有購買力的父母出資金給子女去置業）。也隨著新階段的出現，購買力會不斷蛻變下去。

圖表1.41　按尚餘還款年期劃分的有按揭供款的住戶數目（2016年數據，萬個）

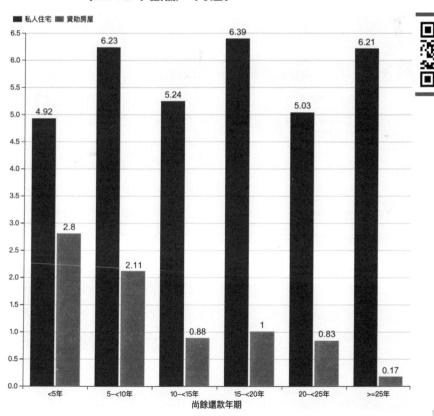

資料來源：政府統計處

換樓客回流

2019年4月，我在大公報發表了「財富效應第二波」。

「我認為未來一年會衍生第二階段的財富效應。產生第二階段的財富效應是因為大多數持有物業的業主比以前償還了很多的按揭，甚至乎已完全償還了按揭，即『供滿樓』了，加上樓價繼續上升，一來一回形成了強大的潛在購買力，如何強大？

樓價升值　跨越按揭門檻

因為在樓市辣招的按揭門檻之下，很多業主過去都很難換樓，例如原本3、4年前物業值400幾萬元的業主，在樓市辣招的按揭門檻之下，要換600萬元以上的單位很多時都很緊絀，因為600萬元以上的單位按揭最多只可以借6成，即是說細單位的業主最少要賣樓後能回籠約270萬元才可以成事，這個門檻令很多業主的換樓購買力被凍結，但當時400幾萬元樓去到今天樓價已經升了約5-7成（根據差餉物業估價署指數計算期間樓價上升約5成，根據祥益屯門樓市呎價領先指數期間樓價則上升約7成），之前阻擋他們換樓的按揭門檻已經因為樓價上升已輕易能夠跨越，數以十萬計的換樓人士，在未來將陸續進入市場！可以輕鬆換樓了。

為何這波樓價回升與以往不同？不同的板塊也急速移動，所以我認為這波樓價升幅最大未必是小型單位，而是細樓業主的換樓對象，即3房或800-1,000萬元的住宅單位，將會在第二期財富效應的樓市中，有一個跑贏大市的表現。」

在龍市的低借貸比率的模式下，樓價愈高，業主的醞藏購買力也愈強，財富效應主導的市場，將令樓市處於前所未有的購買凝聚力之中。

圖表1.42　財富效應第二波——換樓購買力

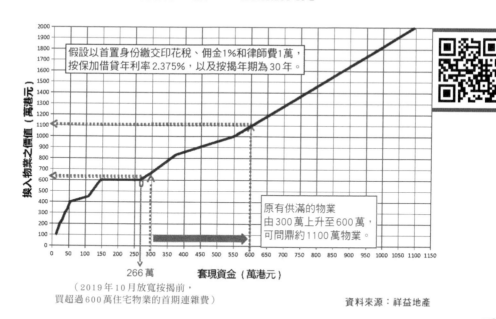

假設以首置身份繳交印花稅、佣金1%和律師費1萬，按保加借貸年利率2.375%，以及按揭年期為30年。

SCAN
看最新
的圖表

原有供滿的物業
由300萬上升至600萬，
可問鼎約1100萬物業。

換入物業之價值（萬港元）

套現資金（萬港元）

266萬

（2019年10月放寬按揭前，
買超過600萬住宅物業的首期連雜費）

資料來源：祥益地產

1.5
龍市理論
歷年印證

正如筆者在本章開首已經開宗明義，由2009年起，因中國重要的經濟角色崛起，市場不再以傳統泡沫經濟的牛熊市走，而是改為中國資金及宏觀調控為主導，以「龍市」這個浪比浪高，以「龍市一期」（樓價向上）及「龍市二期」（調整鞏固）交替前進去發展，筆者在以下記錄過往十年對樓市的每年十大忠告，以印證筆者這十年提倡的「龍市」理論的準確性，而筆者相信，市場仍然會以「龍市」格局邁進，直至本章上文提及的4大支持龍市因素有所改變。

過去十二年（2009年至2020年），筆者每年對樓市十大忠告的重點：

龍市樓論

圖表1.51 龍市理論和十大忠告實戰記錄

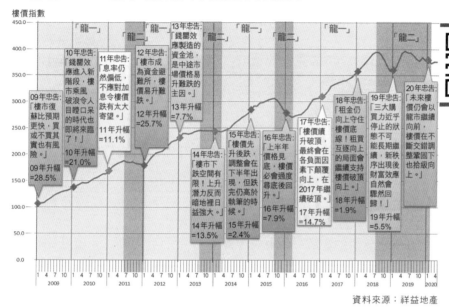

資料來源：祥益地產

2009年忠告：「樓市復蘇比預期更快，買或不買也有風險。」

2009年升幅＝28.5%

2010年忠告：「錢罌效應進入新階段，樓市乘風破浪令人目瞪口呆的時代也即將來臨了！」

2010年升幅＝21.0%

2011年忠告：「息率仍然偏低，不應對加息令樓價跌有太大寄望。」

2011年升幅＝11.1%

2012年忠告：「樓市成為資金避難所，樓價易升難跌。」

2012年升幅＝25.7%

2013年忠告：「錢罌效應製造的資金池，是中途市場價格易升難跌的主因。」

2013年升幅＝7.7%

2014年忠告：「樓市下跌空間有限！上升潛力反而暗地裡日益強大。」

2014年升幅＝13.5%

2015年忠告：「樓價先升後跌，調整會在下半年出現，但跌完仍高於執筆的時候。」

2015年升幅＝2.4%

2016年忠告：「上半年價格見底，樓價必會過度尋底後回升。」

2016年升幅＝7.9%

2017年忠告：「樓價續升破頂，最終會在各負面因素下顛覆向上，在2017年繼續破頂。」

2017年升幅＝14.7%

2018年忠告:「租金仍向上守住樓價底線!租買互逐向上的局面會繼續支持樓價破頂向上。」

2018年升幅＝1.9%

2019年忠告:「三大購買力近乎停止的狀態不可能長期繼續,新秩序出現後財富效應自然會驟然回歸!」

2019年升幅＝5.5%

2020年忠告:「未來樓價仍會以龍市繼續向前,樓價在不斷交錯調整鞏固下也拾級向上。」

第二章

龍市支持下的「上車」心法

2.1
買家
心理學

認識自己

很多人都說成功的因素是認識自己，最起碼很多人在投資置業失敗的原因就是不認識自己，究竟準買家應該如何認識自己？

我在訓練自己經營的地產公司的代理時，首先教授代理的就是地產代理是一個潛意識銷售項目。甚麼是潛意識？即是客人口頭上要求及心裡所想，很多時都會有落差，甚至相反。

舉例：好比找伴侶一樣，人人都想找港姐或港男做對象，但最終也要面對現實。如何面對現實？正正就是置業的藝術，因此買家就要弄清楚有兩個自己，一個是潛意識反映自己的主觀意願，另一個就是「睇餸食飯」落地面對現實版，好比找婚姻伴侶一樣，人人都想找男神、女神做伴侶，但其實各位都很清楚，最後也要面對現實，甚至應該要在特定時間內面對現實，否則你就會不斷

繞圈脫離現實，不斷錯失入市時機，甚至消耗你的金錢。買家是要盡能力去追求自己的理想目標，但亦要盡快弄清楚以自己的能力及在客觀環境配合下，哪些樓盤才是「真命天子」，而且盡快成交，這才是你的最大利益。

檢查自己要求是否太狹窄

很多人都忽略了以上的心理因素，所以在物色單位的過程中不斷「撞板」！

各位要明白一個定律，當你要求愈狹窄的時候，你撞到筍盤的機
會就愈低，當你放寬要求的時候，你撞到的機會便愈來愈高。很
多買家都花了不少時間困在狹窄的範圍，當時機過去了，才放寬
自己的要求，屆時為時已晚。換言之，當你物色單位不太順利的
時候，第一步要檢查自己的要求是否過於狹窄，假設是的，你便
要及早放寬要求。

勿賭氣

如果要說買家心理學，不能不提一個忠告「切勿賭氣」，即是不
要鬥氣，原則性及做人哲學純屬個人取捨，我不方便提供意見，

但純粹以理財專家角度去分晰，根據以往的經驗，大部份人在買樓過程中，如果遇上不開心會鬥氣不買樓，最後要付出更多資金才買到，甚至乎會令你長時間錯失投資機會。

要先冷靜　重新計數

買樓是一個配合「天時地利人和」的決定，如果你鬥氣，自然不能配合得宜，便很容易做錯投資選擇。準買家一定要面對一個現實，每逢市道愈旺，你便愈容易遇到不開心事情，業主反價、封盤，其他買家「截你糊」（買了你的單位），市道愈旺便會發生愈多不開心的事情。如果這樣影響了你的情緒導致不開心，好比賭錢發脾氣一樣，很容易造成自己損失。遇上不開心的事情時，我建議買家先停一停，停一晚並不影響大事，讓自己冷靜下來，重新由基礎計數，認識現時樓市環境及自己能力。在量力而為下再訂一個新買樓計劃及目標，因賭氣而入市或不入市，我認為也是一個不明智的決定。

克服「價格陰影」

所謂「價格陰影」，即是說因為過去的價格所造成心理障礙或定位，從而左右你在樓市投資中做出正確的決定，最出名的「價格

陰影」自然是去到2020年，仍然有人提樓價返到1997年的高峰，所以非常害怕，這是荒謬的觀點。

從邏輯看1997年與2020年總共相隔了23年，無論用任何計算方法去盤算，其實都不可以說1997年的價格去到2020年是一個貴的價錢。當你面對樓價新高時，下不下注應該要視乎當時當刻的市場客觀因素，是否能夠支持及承擔一個新的價位，然後量力而為入市這才是正確的態度。

「價格陰影」不單只源於輸錢，即使你贏錢，如果處理不恰當，也會造成「價格陰影」。譬如：我有些朋友很多時會賣出單位賺大錢，但自此以後高於賣出單位的交易價格便接受不了再買入投資，於是造成了「價格陰影」並已影響掌握再入市的時機，以上情況在股票市場更加經常出現，各位投資者一定要了解自己以克服「價格陰影」！

如何面對業主反價？

當你決定置業，卻又面對一個大旺市時候，很可能會面對爭盤、反價或者決定追價後，業主再可以反價，情況非常狼狽。

究竟在旺市中的買家如何入市是最精明的？如何面對反價？

首先要強調業主有權減價或者反價，買家亦有權加價或者再減

價，所以以下的討論是不會涉及道德或究竟值不值得去做的。假
設你已決定值得去追價後，應如何做才對自己是最精明的。

把握心理承諾期內成交

假設買家在旺市加價或追價一個樓盤的時候，究竟如何防止及面
對業主反價或再反價？各位必須要理解以下銷售心理學上的一個
道理：當業主反價後，自然會訂定一個新價錢，這個新價錢其實
是包涵了一個心理承諾期，即業主發自內心的道德及信用期限，

業主在承諾期間其實是不想作出改變，是想信守承諾，但問題是每個人的心理承諾期的長短不一，有些人反價後訂立了新價格，兩個月不會變，有些五分鐘就變，因此必須要掌握在心理承諾期內去達至成交。如果過了期限，業主可能會再反價，很多買家買不到樓及地產代理開不到單，其實都是因為掌握不了在心理承諾期內下功夫。以上本來是 Top Sales 的技術，我作出分享是希望買家明白箇中道理，然後作出對自己有利的決定。

如何面對跳價？

旺市置業，很多時要面對跳價，跳價與反價有何不同？反價是即將成交或到達單位時，業主臨時調高價格，跳價是未到單位視察，市場上有關樓盤的價格已經急速上升，遠遠超出你原本買樓的預算。當預算超出時，買家應如何衡量？風險結構及風險成本有何分別？

買樓是一個重要的投資，足以影響一生。首先，各位要弄清楚買不買得起？一定要量力而為，千萬不要做自己能力做不到的決定，當發覺買不起「心頭好」時可以考慮退而求其次，買面積小點、質素次一等或者決定不買。

如果根本有能力負擔買樓，只是嫌貴不想付出較多，這正是要討論及計算的話題，其實每人的成本及風險結構性均不一。譬如：

假設你正居於一個由家人已供滿的物業，那麼「等」的風險及成本當然很低；相反，大部份人是租住物業，甚至是租住私樓的，對於這群人士而言，「等」的成本很高而且風險很大。假設決定等樓價下跌但最終樓價是上升，那麼他們除了輸掉上升的部份樓價，也包括等待期間的租金付出及消耗。過去數十年，買樓的風險其實大部份時間是較容易掌握的，但不買樓的風險卻大部份時間是難以掌握的，當不買樓的風險出現時，即代表你手持的資金因為樓價上升而愈來愈付不到首期，或者租金已消耗一定程度的資金，直至一天，你很可能由能夠買樓人士變成了不能夠買樓人士。

當你抉擇是否入市的時候，建議各位計算以上邏輯，當你計算到買樓的風險能夠掌握及承受，但不買樓的風險卻難以掌握時，其實我建議你入市。

如何勤力物色理想的單位？

機會會留給有準備的人，其實勤力也是相當重要！究竟如何勤力才對你最有利？

如何勤力去物色理想的單位，我曾經做過討論財經樓市節目的主持，邀請了很多嘉賓去分享個人見地，而不同成功人士的秘訣都包括兩個字──勤力！

要成功當然要勤力！同樣要買到一個好的單位其實也要勤力！現時的資訊雖然發達，但資訊是要靠個人去整理，從中才找到一個合適自己處境的策略，以及樓市的實況更要勤力才可找到真相。

買樓前應該如何勤力去做準備？首先要弄清楚自己的潛意識心態，那類型單位才是個人能力可負擔的，而且是可以接受的，同時你要調整自己的心態，擴闊物色單位的範圍，確保有足夠且對自己有利的選擇，當然更加要勤力做功課，將自己有興趣的屋苑弄清楚價位，哪些屋苑在水流效應裡面是高位，哪些是低位，如果你很勤力去做功課及弄清楚自己的能力，根據我以上所提出的概念，其實你有條件為自己製造最好的入市選擇。

買到才是贏

究竟如何可以買到「平」單位？所謂「平」貨，其實在買家而言，技術層面上是有得追求。我會在有關方面提供多點方案以供參考，不過我不是想教各位一些高級技術，因為分享了也有可能做不到，是希望各位可以進一步掌握市場，找到較好的買樓機會！

如果各位回想自己過去的經驗，會發現原來自己不止一次遇到買「平」盤的機會，問題是通常事後才發現，其實所謂「平」盤只是一個比較，並不是一個感覺，是與市場比較之後會掌握及知道甚麼是「平」盤、「平」價。

買樓口訣

第一是量力而為；

第二個很重要便是你買不買到。所謂買不買到，假設你認為現時是入市時機所以買樓，當你的看法是正確，最重要的究竟是甚麼？是買「平」了多少？還是有沒有買到？的而且確，很多人常犯的錯誤是為了爭取「平」多少，最後買不成。

以2009年為例，當時仍有單位的價格是100萬元以下，假設當時買「平」5%是5萬元，買「平」10%是10萬元，試想想10年後，你會否記得當年買「平」了多少？買「平」多少是不會成為你人生上記得的小插曲，不過你有沒有買到，可能會影響你人生的主題曲。

沉沒成本

我經常提出「買有風險！不買也有風險！」，這個概念基本上是源於「機會成本」（Opportunity Cost）的理論，即是放棄選擇裡

面的最高代價。

如果要抉擇買樓與租樓哪一方較好？首先一定要明白甚麼是「沉沒成本」（Sunk Cost），意指已經付出了但不能收回的成本。舉例：你買了一張機票，但臨時上不到機，付出的機票錢是不可收回，這便是不能收回的損失，所謂「有買貴無買錯」，縱使在高位買入物業，但由於環球經濟仍然長期以「量化貨幣」來運作，因此總有一天樓價會「返家鄉」。當價格「返家鄉」時，其實蒙受的損失是屬於「機會成本」的範疇，即是賺少些或投資回報率較低。

不過，租樓的情況截然不同，付出的租金是不會得到投資上的回報，可稱為「沉沒成本」！「世上沒有免費的午餐」，租樓的好處是短期內得到較大的自由度，買樓的好處則可能享受複式的投資回報。十年後，相信買樓的人士應該可得到一個較豐足的人生下半場，俗稱「無得輸」！

2.2
最低入市門檻：
居二市場

上車的最低門檻之一是居屋第二市場，居屋第二市場即是免補地價的居屋二手轉讓，各位可想而知當樓價減去地價後其價格自然便宜很多，加上居二市場可以做到一按高成數按揭，於是可以更容易上車！

居屋第二市場與一手居屋一樣，購買資格是分白表和綠表兩種，合符資格的白表人士可以一按九成，合符資格的綠表人士普遍以公屋戶為主，可以一按九成半，這樣上車便容易得多。

此外，市場反映了一些居屋第二市場的兩房單位樓價，其實等於部份一手私樓一房或套室單位的樓價一半或者三分二左右，故我十分建議各位以上述方法置業。

退而求次　給自己更多選擇

特別要提醒部份綠表人士，因為其中有許多為公屋住戶，公屋住戶正因為有公屋的保障，因此反而錯失入市良機或擁有資產的機會。

當然買樓和不買樓均有風險，買樓和不買樓一樣可以好好計劃人生！我作出提醒是希望溫馨提示一些概念模糊或態度猶豫的人士，千萬不要因為猶豫而錯失入市良機，讓時間和機會流失！當然不少人不買居屋，原因是心儀市區物業、一手樓或私人樓，但買樓畢竟是計數遊戲，當計數後得知買不到心儀單位的時候，便不要浪費時間，應該退而求其次，給自己更多選擇。我當然認為早點上車，購買更大的居屋單位，反而可以及早掌握安居樂業的條件。

2.3
追落後
跟水流

假設你已有決心去買樓，如何透過做足功課的情形之下，去找
到相對「平」的樓盤？首先要明白甚麼是市場結構，無論盤量多
少，只是很少購買力在很大的市場裡面流動，即是說購買力並
不是同步去影響整個市場的面，是聚焦幾點去影響市場。換言
之，會有些屋苑先升，有些屋苑後升，這個便是找到「平」盤的
秘密。

跟走勢發掘落後盤

如果一個專做二手的專業地產代理，他應該會知道未來一、兩星
期會以哪些屋苑的成交為主，以上在我經營的公司稱為「追落後
跟水流」。為甚麼我們會知道？因為我們有充足的數據。買家應
該要做好功課，只要你有以上的概念，可以憑屋苑過去的成交數

據，很容易發覺哪些屋苑會先升，哪些屋苑會後升。簡單而言，
當A屋苑升完後，你便會預測到下一個是甚麼屋苑的成交量會增
加及樓價上升，因為購買力會追隨相對上價格較低、質素較好的
屋苑進發。

2.4
「慳」字訣

常言道「成功靠父幹」，主要由父母支持下一代去買樓這種「複式購買力」日益主導市場的確是事實，但這並不是事實的全部。我見到二手市場仍然有上車盤，這些單位是兩個人均入息中位數字的年輕人能在3至5年內儲蓄到的水平，現今社會，太多長輩說「年輕人買樓難」了，這可能會「累死」下一代！

「30多萬有幾難儲？我32歲先第一次去日本！」

「由我出來工作至今，人工起碼儲4成至一半！」

「無人叫你大使！」

「若要大使多多都唔夠！」

「成個屯門，大部份住宅單位可以借到8-9成（指用按揭保險方式）。」

以上說出這些話的這位比我年輕大概20年的青年，的確是模範！

而筆者身邊已有很多年輕人已經買了樓，當中包括無論是公關、秘書、電腦、統計部同事！我見到他們都「好慳」！靠自己買樓的年輕人有個特性，就是用「out款」的手提電話。這些特性很準確，大家可以留意。

愈窮的年輕人 「上車」比例更高

靠自己努力置業的人還有一個特性，就是出身家境愈貧困的年輕人，靠自己上到車的比例就愈高。將來不敢說，但到現在市況為止，兩口子仍然可在偏遠地方上車。

「年輕人初出茅廬，好多嘢都想買，儲唔到錢唔出奇！」一位資深投資者說。對！面對花花世界，節儉才是重點，世界太多引誘。世事就是等價交換的，年輕人始終要面對現實，買不買到樓關鍵就是一字記之曰「慳」！當然年輕人要充實知識而且要學習解讀資訊，不要盲目接受別人的觀點，這才可以有醒目的策略。

所以我們長輩雖然可以選擇幫助下一代去置業，但千萬不要同意「後生仔無能力買到樓」的歪理啊！因為如果社會風氣令年輕人覺得前途無希望，自己無能力去掌握的話，不單只對社會容易不滿，而且會虛度了光陰，浪費了未同居、結婚、生仔前的最佳儲蓄時機。

年輕人「闖五關」圓上車夢

玩樂、租樓、儲蓄首期、結婚、生仔都是年輕一代必須要征服的五個關口，以上五點處理得不好都會影響整個人生。在現今社會中，玩樂的消費很大，年少輕狂總需要快樂時，但這個時間不應該維持太久，單是玩樂的生活，如果管理得不好，不單儲不到錢買樓，交租生仔都要成問題，如果要買樓首先要整頓好玩樂生活。

年輕人往往都是會追求有自己空間的，所以會有年輕人選擇出來租樓，早一點享受無拘無束的同居二人世界，但是當你租了樓，你就可能很難儲錢買樓，所以選擇獨立生活之前，你付出的不單只是租金，更可能等同放棄了一個買樓的機會。

掌握時機管理及計劃

同樣，結婚亦是消耗儲蓄的一個行為，而未置業之前就生仔，亦可能更長遠放棄了置業的機會，所以近年開始愈來愈多人考慮在結婚之後與父母同住，筆者作為一個年輕人的父親，我認為這個決定是高風險的，尤其是在小朋友出世之後，更加容易有兩代之間的爭執，但當然，如果作短期的戰術運用，筆者是非常同意的。

如果撇開感情不說，純粹用理財的角度去看，兩小口子以簡約方式結婚，而短期和父母同住，利用這個支出大減的時段儲首期買樓，似乎是最大成功機會的方案！

能夠自己儲錢上車買樓的人，其實都是管理好以上各點的，相反如果以上各點大家不掌握時機去管理及計劃好，卻是另一個人生了！

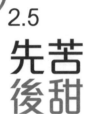

2.5
先苦
後甜

2007年，當時特首曾蔭權提倡大都會概念的時候，我就提出擔心香港會步其他大都會的後塵出現大遷徙。對！大遷徙正是大都會的宿命。現任財政司司長陳茂波曾推介恩平溫泉，並認為「港人長遠可考慮到大灣區居住或退休」，這正正是反映到有關的轉變已經到了分水嶺，希望香港人專注去正面迎接及準備。

「貨幣才是影響樓市最大的因素」，因此在大都會來說，樓價上升也是宿命，我們不值得花時間去期望樓價下跌。

早計劃　免後患

資金決定樓價，但樓價就決定人民的遷徙方向！如果「有一層樓是『平倉』，買超過一層才是『好倉』，而沒有買樓是『淡倉』」的話，淡倉就要向大都會以外遷徙，但好倉就有條件向大都會以內

遷徙。歷史上由唐朝白居易的長安，至近代的紐約、倫敦和香港人一手造成的溫哥華，原居民向外圍遷徙也是在宿命下發生。

電影《北非諜影》有句名言「一入一出」，我不知道在電影內這句話的原意是甚麼，但是與今天不一樣的大時代，就令我想起大都會匯聚人才和資金，有人湧入，就總會有一些人要淡出，誰人流入流出的機制就是決定於樓價和物價！

我們看看溫哥華的故事，香港人正正是將本土溫哥華人遷徙，用

的機制其實亦是樓價，我有一位親友，是溫哥華的老華僑，他20年前就是被樓價遷徙到溫哥華以外，後來可以返回溫哥華的內圍，原因亦正正是買樓！樓價後來不斷上升，令他又可憑樓換樓遷回溫哥華市中心。

可恨的是，近年不少人踐踏置業者為「樓奴」！不少學者更高調表態「年輕人不要將時間花在買樓上」，在掌握大都會時機的角度上，是一個超錯的建議，如果在人生的哲理來說，人生總要由自己去嚐盡甜酸苦辣的，年輕人早計劃「先苦後甜」不見得比先玩十幾年才擔心置業的「先甜後苦」愚蠢。

過去幾年，以人均入息中位數字去計算，一對年輕夫婦相加的收入是可以買到新界上車物業，每人每月最少儲起收入3成，儲3至4年左右作首期（已計壓測），年輕人入市仍可靠自己，但隨著樓價不斷再上升，這些機會也逐漸渺茫！

叫人不要上車置業去等跌和玩樂的人，慚愧嗎？

2.6
上車
先決

借用電視真人騷節目「有樓萬事足」中的術語，不少入市的人是中了「長期等跌伏」的用家！很多也是承受著幾年前「不買樓的風險」！令人唏噓！

從各方面的數據看，大家的而且確是要面對一場「升災」，我想起電影《2012》中的末日場面，洪水浸到喜馬拉雅山腳，仍在繼續升高，你在山腳坐著等一樣會被洪水吞噬，但你再向上爬努力前進置業，其實山勢日益凶險，空氣也日益稀薄了。

到了筆者這個年紀已經開始老了，我們這一代是不想樓價急升的，我說樓價升其實是要效忠我的工作崗位，數據告訴我要升，我就寫文章說升，我認為能說實話是地產代理的驕傲也是專業和尊嚴。

及早置業　不必追求完美

我認為有能力置業的人是應該及早置業，如果無能力就退而求其次，買次一級的物業，上車的目的是「上車先決」！不是追求完美，完美的留待將來換樓時置第二層物業才去追求吧！上車最重要是滿足量力而為及為人生做一個前進的起步，一般新界的上車盤兩房已滿足以上要求，如買私樓力有不逮應考慮居屋，若真的未準備好、還未有能力的人便不要勉強，應全力支持政府開發土地。我們看看屯門的置業比例，2009年以前外區客佔3成，本區客約佔7成左右，但到現在已經倒轉了，7成或以上都是外區客，

這個世界已經變了，屯門已全港化，香港已國際化，這個是全球一體化的新常態！我們要面對愈來愈多的外來購買力。

量力而為

某些板塊的樓價曾在2018年高位下跌兩成，但是很多人都沒有掌握這個入市時機，面對眼前的入貨良機都希望「睇定啲」，我會形容如果在這情形之下有需要的話，若「睇定啲」是多了些貪念，只是樓市可能仍在一個調節期，最後樓市真的反彈，不過最平谷底已經過了而已。

市場一向也是如此，當你已經看定樓市的時候，自然不容易找到之前的「早鳥價」了，我認為用家買樓不應該「睇位」，能量力而為見到平價負擔得起就買，雖然樓價回升了之後又有很多人會認為是一個假升，但是他們仍未明白樓價升跌本來就是平常事，重點在於它是否一個泡沫爆破，如果不是一個借貸泡沫引起的市場爆破，這個往往對有需要的人是一個健康的入市時機，我認為大家都應該要好好地掌握，需要置業的人仍要掌握僅有的機會。

2.7
勿等
樓市泡沫爆破

定期也有一些政府再出辣招的傳聞，雖然很多傳聞後來都證實是假的，卻反映出民心所向。出招有市場！根據「龍市二期」的概念，政府原則上是一定會出招為價格升速過急的樓市作調控，問題是出招不一定是全面強打購買力！其實還可以「分配」，例如讓換樓人士有更多換樓的機會；亦可以用「引導」，即將熾熱市場的購買力引導到二、三線城市；不過即使暫不出招，「樓市哈囉喂」（即因負面情緒引起的樓價被衝擊）也有機會出現，筆者不算熟悉內地房地產，但起碼香港近年已出現多次的「樓市哈囉喂」，所謂位高勢危，市民對樓價不斷上升累積了情意結，往往會在樓價升勢稍緩之際，借個別新低成交與傳媒及社交網站乘勢唱淡，城中一下子便充斥價格下跌期望，是為「樓市哈囉喂」。

我認為投資應預算新辣招或「樓市哈囉喂」會出現，這預算是希

望投資尤其首置做好足夠心理質素去入市，但並不建議看官等跌去「執死雞」！因為誰可保證到了跌下來哪一天的價格會低過今天？「等」的風險仍是最大的。

最後，我想總結的是即使有「龍二」的出現，樓價大勢仍然向上，龍市下樓價仍然是浪比浪高的，「龍二」之後，又是「龍一」了！

能量力而為者，上車仍以「快」和「先」為上策。

等待的風險

樓價跌，對未買樓的人來說是好事！

樓價跌，對有實力的人來說也是好事！因為價格跌，他們可以買多間！

樓價跌，對長遠投資、自住的人士會「無事」！因為他們根本就沒有打算中途賣出，所以價格跌對他們沒有傷害。

樓價跌，對買樓收租的人可以是好事！如果租金跌得比樓價少！即收租回報率更高！

樓價跌，只有對短炒和無準備的人才會有事！

在樓價跌的時候，富有的人不是贏面最大！流動資金遊刃有餘的人才是王！

不過，等待平價上車的人，大家要記住……

最平的價位，是極少數的人才能買得到！

高峰價位買入的人，他們只是賺少了！

輸錢，輸得最多最慘的人其實是無上車的人！尤其是一些終於等待到平價位出現，但是卻錯失或掌握不到入市時機的人，歷史告訴我們，這些人為數最多！

除非樓價減幅超過兩成，否則有無上車及是否量力而為買樓，這兩點比樓價跌幅多少更重要！

在買樓投資上來說，時間成本及機會成本亦是更重要的因素，經驗老到的資深房地產投資者一定會計算是否值得去「等」！等的成本往往是最昂貴的！投資老手供樓往往都是三年至五年的，因為在他們來說，最重要享受槓桿入市及嘆盡低息時光，到你等到平價出現的時候，老雀已經供滿了樓，「食緊」第二轉了！

「買有風險！不買也有風險！」所以樓價跌只是價格上相對減低了風險，不等於其他方面的風險不存在。

2.8
不買樓的風險

再等下去，對於有需要居住的人來說，「不買樓的風險」就是「樓價上升加上等的成本」！而最主要等的成本就是租金，如果租金沒有升跌，三年的租金大概等於樓價的 10%，簡單的問題就是：你認為三年後的樓價會跌 10% 嗎？如果不會的話，不見得「等」的算盤是打得精明！

資金囤積　息率難升

中學生也明白的道理，環球的量化貨幣潮自然是會令資產及物價上升的，但是各「印銀紙」的政府為了減少對民間的衝擊，於是就製造了「傳遞中斷」，即是說將資金只放在資產市場及國外，少放在自己民間，以大幅放緩民間的通脹反應！但如此一來，資金就更集中在資產市場了！所以之前的股災亦有好的一面，因為

沒有股災的出現，大量的資金會湧入股票市場製造歷史性的巨大泡沫然後爆破！但更因此，樓價更難下跌！

各國及大都會也出現資金大量囤積，形成了低息年代。縱使美國能夠加息，但如果囤積的資金沒有減少的話，又有幾多個國家能夠追隨加息？而長遠的問題更加嚴重了，當房產價格繼續上升，但民間通脹偏低自然令薪率也隨之偏低！於是買得起樓的人就愈來愈少了。

應大量開發新市鎮

現在很多人也是等樓價下跌，但繼續等下去，不見得能買得起樓的人會大幅增加，未來香港一定進入「公屋困局」！即是說香港要更大量興建公屋才能滿足更大量買不起樓的人，可悲的是，偏偏一些年輕人不支持政府的開發新市鎮方向。

房屋政策應該是效忠社會大多數人利益的，所以我支持政府的房屋政策。如果你也想減少香港的「被無產者」的話，最好的方法，其實就是支持政府更大量開發新市鎮。

2.9
入市
還未遲

年輕人上車置業的問題，根源不單只是市場價格及供求的問題，其中還包括了心理、價值觀及面對問題的態度，到了今日，人們都無去弄清楚問題的整體性。

「這幾年不少例子，有百多二百萬元的私樓不去買來自用，而去抽居屋。

有百多二百萬元的白居二不揀，偏要等全新居屋。

有百多二百萬元的全新新界居屋不揀，偏要等市區。

終於交租交到無晒錢！」

以上是網上博客亮劍在2016年的觀點！

對！但有關言論只是針對有能力買樓而未肯置業的人士。

「在香港的年青人，你的置業黃金十年是28至38歲，如果不能好好把握，到了4字頭先來首次置業，這麼你一來要供養小朋友，又要招呼四大長老，如果還要交租，又怎樣儲首期上車？」

「人生有多少十年可給你浪費？」

我看到此言，心中一酸！

另一博客法子常說：「投資者看錯市要輸鑊甘，自住者睇錯市是輸一生！」

對！「買樓有風險！不買樓也有風險！」不買樓的風險，問君知多少！？

長期交租　消耗首期

若你是一個私樓的租客，有能力置業下卻決定不買樓去等樓價下跌，但最終結果是樓價上升的話，你除了輸掉上升的樓價部份外，輸的也可能包括了等待期間的租金付出！當這租金消耗資金去到一個程度，或樓價上升去到一個程度，令已消耗的資金愈來愈不足以付首期的時候，你很有可能會由「能夠買樓人士」變成了「不能夠買樓人士」，這個才是不買樓的最大風險！

「只得自住樓的人，自住樓就是所有，不應拿來賭。」

第三章

浪比浪高下的投資智慧

3.1
「寧買當頭跌」與
「平均買入法」

當市場變化不同的時候，邏輯都會有所改變，以前（最少十年前的投資市場）是以資金泡沫作為主導，當時有個學問叫做「寧買當頭起」，意指市場剛開始出現泡沫的時候就應該買入；亦即是說，當泡沫爆破的時候才買入，便會導致損失慘重。

調節至有鞏固效果便入市

近年，我開始運用另外一個邏輯去投資，就是「寧買當頭跌」，即是說當市場調節到我認為有了鞏固效果便入市買，這個做法很大機會買不到最便宜的，但在每一次鞏固期之後，你幾乎都能買到樓。（可參考圖表1.21）

以上只是我個人思索中及正在實踐的一個投資方式，未必合適每一個人使用，以及買樓最重要是量力而為，每個人的投資風險結

構都不相同，希望我的例子可以給你帶來靈感，可以找到合適你的投資方式！

平均買入法

另一個提議的投資智慧，是「平均買入法」。幾十年前，即是我年輕的時候，投資市場已經開始流行「平均買入法」，「平均買入法」即是分多次買入，將買入價平均攤分至較穩健和安全的水平。

直到現在新常態的經濟之下，我仍運用「平均買入法」，但我發覺現時的重點和以往有點不同，可能對年輕人的投資有所幫助。

有關做法是有助跨越入市門檻高的心理障礙，以騰訊控股（0700）為例，有些人很欣賞很想買，但因為價格高、成本高，於是一直都沒有入市。

先買入銀碼小的　再集郵式增持

我曾經分享個人以「平均買入法」的經驗予一位年輕人，如果他對類似高門檻的投資產品有興趣，不妨嘗試少量買入，就算是買入一、二手也好！當買入第一注後，如果價格上升，買第二注時便有第一注的獲利作為補貼，當首兩注的價格也上升，買第三注

時便有首兩注的價格上升作為補貼；相反，如果不幸地買入第一注後價格下跌，你便可以更低價買入。

我認為「平均買入法」的好處，除了攤分價位的功能外，亦能幫助跨越入市的關口，買到才是新常態之下的投資重點！

因為在新常態之下，錢多貨少，價格亦易升難跌，有時在甚麼價位買入只是其次，重點是是否買到！買樓如是！當你覺得銀碼大導致遲疑、耽誤或者錯失機會的時候，那麼你不如早點決定，買入銀碼較小的，以集郵方式增持，希望以上意見能給予你參考價值。

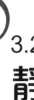

3.2
靜市入市
佔盡「天時地利人和」

很多人都會問我:為何經常在靜市時買樓,而且都是用破頂價!
事後都證明是買得對的,其實買樓不一定要規限在「平價」的狹
窄範圍。

如果你是第一次置業,當然我會建議輕身上路,買樓價便宜一些
及容易負擔的單位,隨著投資擁有的單位愈來愈多的時候,慢慢
需要購買優質的單位。若購買優質單位,自然需要掌握「天時地
利人和」!

所謂「天時」,即你能否掌握到入市時機,以及你有沒有足夠時
間去考慮,通常旺市時機會一瞬即逝,而且沒有時間去考慮,你
又能否掌握到?

所謂「地利」,即有否足夠的樓盤可選擇?當時間不足,而你選
擇的空間亦不足,你又可否應付到?

所謂「人和」，即市道好業主自然被捧至比天高，業主便會相當高姿態，那麼你能否承受到？

在靜市時 ，「天時地利人和」會配合得較佳，你會買到合適及優質的單位！

能否谷底附近入市　才是關鍵

所謂「買有風險！不買也有風險！」尋底其實也充滿風險。尋底若太執著，也很容易親自為自己布下了投資陷阱。在過去，很多人因此終生抱恨。

每逢靜市入市，幾乎每人均希望在谷底買入物業。但是，如何肯定這是谷底？對！當谷底過去了時，我們便能夠肯定之前的是谷底了。不過這時已經「蘇州過後無艇搭」。跟著就要面對谷底之後的跳價，接觸過最低價的人很難克服心理障礙去面對樓價每步5-10%的反彈，就此錯失了入市時機。

因此在靜市入市，最重要是弄清楚何謂「值博率」？所謂值博率是一個概念，是指每人的風險承受及期望回報間的比率，當買的風險遠低於買的回報時，就是好的值博率了！

換句話說，好的值博率也是買入物業時候的價格，由於買的風險遠低於不買的風險，或等待的風險遠高於入市的風險。

別想賺盡　買到才能贏

舉例：假設你在低處買入物業的樓價，你有信心最多只是下跌
5-10%，相反認為上升卻是20-30%，理論上是一個不錯的值博
率。我見到嘉湖山莊有一些三房單位成交在550萬元左右，投資
有謂「旺舖養三代！三房住一世！」，三房單位應付家庭變遷的能
耐及價值也甚高，這類型單位樓價高的時候可以賣到600-650萬
元，假設我們能以低於600萬元買到，就是一個好的值博率，因

為可能跌幅有限，樓價可能升幅卻大得多！

如果07年的美國次按是垃圾按揭的話，樓市辣招已經將香港房地產變為全部「AAA」的投資庫存了！要A級客戶才借到錢，以潮語來說，是「無得輸」！對！投資老手常說「將最後20%的利潤讓給別人」！為何不賺盡？因為最後兩成風險最大，最大的風險是「蘇州過後無艇搭」！投資老手出貨如是，同一道理，用家谷底入貨，何嘗不是「唔好去咁盡」？

各位記住，等到谷底與否並不是最重要，你能否在谷底附近成功入市買到物業才是投資勝敗的關鍵！

龍市樓論

3.3

投資樓市
比投資股市更穩健

樓市沒有出現傳統性，如炒賣、借貸過多等泡沫，唯一有機會出現的新常態泡沫，就是近年太少成交去代表整個市場！如果這個真是新常態泡沫的話，樓市的確是有機會調整的，因為歷史上未試過此種泡沫的關係，所以我們應看多一點數據才去推算樓價跌幅。

資金重新凝聚時　樓價展新升浪

我們看到香港的資金，在2010年後大幅凝聚，2020年和2010年7月同期比較，十年後的存款量及貨幣供應量（M3）總共上升了131%或以上，而我們看看中原城市領先指數，總共是上升了111%或以上。大家可以看到資金流動及匯價，才是推動樓價及製造財富的真命天子，樓價的急升亦隨著有些時候資金流入的

放緩是減慢甚至下跌。以上的數據，我有兩個看法，第一樓價上升，並非如一些人看得那麼孤高，它可能是需要調節，但是如果資金沒有大量流走的話，樓價相對入息比率高企仍是常態，大家更要小心如果資金重新凝聚在香港的話，樓市亦要面對新一輪的上升壓力！

另外對比股市，樓市相對仍然是安全穩健的投資工具。

而樓價的谷底，反而我們容易推算，因為在租金升幅方面，以差餉物業估價署的租金指數，在2010年後的十年時間，只是升了約50%，我認為租金的泡沫是很低的，雖然租金是會給樓價下跌所帶動而微調，但是基於樓價下跌幅度大過租金下跌幅度的關係，本來在2009年開始脫離同步發展的租金及樓價指數，在未來是有機會平衡發展。根據差估署6月份的私宅樓價指數其實對比高峰時只是跌了3%左右，而股市則大上大落。

三大原則買樓投資「無得輸」

我認為在（1）樓盤減少下、（2）收租回報率有3-4厘、（3）買入轉流量較大的屋苑，依以上原則去投資是「無得輸」。

不過傳媒似乎都偏向報導負面消息，因為讀者愛看！我認為看官應該認真想一想，「不買樓的風險」不單是錯過了筍價，還有可能

要面對租金的上升！我認為買賣的剛性需求不少已經開始轉化為租客。當然，我以上的描述是針對細單位市場，尤其是屯門及天水圍。

現在世道十分仇恨唱好，以上看法是冒著被鞭之險來發表的。

依實直說，但求無愧於心！

3.4
樓價新常態
鐵三角

梁振英上場的確是改變了香港「地產霸權」的格局,但是無論良性或惡性,政府與發展商之間的角力根本未完,仍持續著!筆者認為樓市上落起跌本是平常事,甚至是好事,但是,太多人脫離現實去評估樓市了,發展商會將樓花恐慌性拋售?劈價?互相踐踏?將經營多年的地皮以低價賤賣去成全新一代的「上車傳奇」?

在發展商來說,香港政府已做得太多了,大量增加競爭對手、取消了勾地、發水,也實施了《一手樓花銷售條例》,再加上了樓市辣招令購買力大減,但收樓「落釘」的成本卻大增,梁振英的確令地產霸權的利潤由「厚切」變成了「薄切」了。

政府做了不少,效果亦不俗,我認為市民應該知足,不應該要求太多,要明白現在的入市時機其實是難得的,長遠樓價應該是繼續上升的,看看以下的數據,大家就明白。

成交量長期低企

根據土地註冊處資料，2004-2010年平均每年二手成交量是91,456宗，這段時期既沒有類似沙士的天災、不是樓市谷底及最高峰，我認為是相對合理的正常成交量，但在2011-2015年實施了樓市辣招下平均每年二手成交量是53,537宗，即是平均每年減少了的二手成交是37,919宗！（一、二手相加則是平均每年少了40,868宗。）

換言之，自推出樓市辣招後，2011-2015年期間二手成交量減少189,595宗（一、二手相加是少了204,340宗），那些成交及購買力去了哪裡？需求又去了哪裡？但市場少了成交後，理應二手放盤量會累積增加才對，但事實並沒有出現，二手放盤量反而大減！

在量化貨幣加樓市辣招下（滯脹來臨加上入市的風險及成本增加，市民傾向「揸貨享增值」），自從辣招後二手市場放盤量大幅減少！

以上各點是顯示了在新常態中的樓市有兩個特點，第一是大量的購買力是不斷積聚，第二是成交量卻不斷減少，在購買力過多，成交量過少下，形成了「樓價鐵三角」，龐大累積購買力社群的三角形尖子部份更會支持著少量的高樓價成交，而三角形的大部

份人雖放棄了置業卻成為了強租客支持著高租金！最後也牢固地支持著樓價！

樓市以闊幅度上落

在奇貨可居及業主實力普遍強勢下，最強購買力便聚焦在很少的成交中，令成交價不跌反升，升高了後的樓價亦更少人買得起樓，但是原本的業主日益供滿樓，而新置業的又是能跨過高門檻的優秀買家，於是市場的持份者實力穩健者比例日眾，樓價升的步幅更大，但聚集購買力雖是真確購買力，但並不及整體購買力平穩，所以調節時的落差亦較大，近年的所謂「劈價勢」其實不是傳統的樓價調頭，而是新常態的市場運動而已，樓市正以更鞏固基礎地以闊幅度上落，以為樓市會如98年結構性下調其實是美麗的誤會，後市一樣會以較大的幅度反彈呢！

3.5

低息年代，
銀行愛借給誰？

為何香港樓市長期是一個升勢？其實是「太多的錢，配合太少的成交！」大量的錢是源於資金氾濫，而在樓市辣招控制下的太少成交，自然製造了市場還錢的比借錢的更多！這也造就了近年的平息世代。一個低息年代，若用了相反的策略去面對可能是一個災難。

過去加息「唱咗好耐」，但到了現在，息率仍是低得可憐，投資者仍然可以用銀行財技組合得到比市面更低利率的貸款，就算加多幾次息，仍低於正常通脹的3%以下！「長低息期」仍然會維持一段不太短的時候。被很多人忽略了的事實是，由美國聯儲局2015年宣布加息到現在，美國及香港民間的按揭利率仍繼續處於低位！看一看數據，2015年至2018年期間美國聯邦基金利率累積加息9次、累積加幅2.25%（其後在2019至2020年迅速減至零息），而香港最優惠利率只在2018年9月28日上調了0.125%

（其後於2019年11月1日下調0.125%）。香港M3持續破新高，大型銀行存款量約是按揭貸款的4倍左右（以恒生銀行截至2018年上半年數據為例），怎大幅加息？

信貸優良者借錢更易

同時樓市辣招推出後，抑壓了很多人買樓，但不要忘記銀行最後都會借錢予信貸優良及有資產人士。他們享有最平息，對這一批

人而言息率是不斷遞減。因為銀行借錢愈來愈難，所以亦會將經濟動力幫助換樓人士，如果我們鼓勵一換一的話，業主換一個單位就可造就市場增加多一個細單位供應，這個才是處理市場壓力並疏導去一個合適地方，但政府還依賴數年前一些短期應付方案，我雖然很同意樓市辣招要實施，因為要應付量化貨幣，問題是當短期措施變做長期的時候，政府就應該優化有關措施，我是很主張給予一些換樓人士或者上車人士增加「上車」機會，但其實我最想說，這些人「上車」機會是減少，哪類人「上車」機會增加？有資產財務穩健的人士，只會買更多物業以及享有更便宜的利息。

利益向有資產者傾斜

結果愈多人不買樓，就愈少人去借錢，於是在資金氾濫的情形之下銀行總要做生意，「低息紅利」就會送給其他買樓的人，有資產的人也更能以平息去加按物業了！這個就是客觀的現實！這結構不變，社會利益都是傾斜分配給有資產者，而不買的人最終都是一個輸家。

除了仍在低息期外，香港人其實日益是「富爸爸」，雖出現貧富懸殊，但大量業主其實是借貸過低令財務更穩健，市場的風浪，對有資產而低借貸的人來說不一定是「危」，也極可能是「機」！有資產者實際是享受著財富上升的機會，及因為息率超平而令投

資成本及風險大減！

筆者面對以上大洪流的自處之道，是2008年後用盡低息去置業，借得少而供得短，只享受其槓桿力量去買一些優質物業，低息令成本和「供唔起樓」的風險減低！而供得幾年下來就把按揭供滿，然後作第二波的投資。借美國佬勢去量力而為置業是我對世道的回應及控訴！

圖表3.51　自2015年以來美國聯邦基金利率和香港最優惠利率的累積加幅

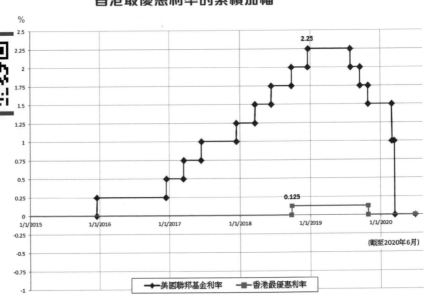

資料來源：香港金管局和美國聯儲局

3.6
升價循環和
租務支持

市場是充滿人性的，市場的本質就是博奕。筆者其中一個較多人引用的概念是「樓價是準買家板塊和業主板塊的博奕結果。」香港市場約有超過170萬個可售單位，這170萬個可售單位的業主，他們都會有其主觀願望令到市場在不同階段有不同變化。更複雜的是業主之中亦包括不同層面板塊的現實和心理上的互動關係，例如當劏房租金呎價高於豪宅租金的時候，我們不容易能夠期望到租金會下跌。當車位往往也2、3百萬元一個的時候，我們又怎可能要求上車盤是相若價錢呢？以上的互動相互關係不是紙上談兵的學說或者理論可以解決到！

環球量化貨幣潮令到世界市場，尤其是香港，面對錢多貨少的情況，在滔天的貨幣巨浪之下，並不能夠增加太多的供應，於是市場就進入價格不斷上升，成交量不斷下跌的情況，樓價在上升之餘，剛性的需求自然會走向租務市場，那租金自然跟隨上升，除

非在增加貨幣的同時，政府是同時增加大量的土地供應才可以化解，如果供應根本不多的話，不斷上升的租金就會成為樓價不斷上升的基石。

租樓變相幫業主供樓

不買樓其實一樣支持樓價上升。不少等待樓價下跌的剛性需求去了租樓，令到租金鞏固及上升。因為租客不單幫業主供樓，而且還幫業主鞏固樓價，是「租一日蝕一日」。在低息環境之下，就產生了「租金紅利」，即是說供樓息率的付出遠低於租金，買樓收租成為了財息兼收的生意，這個租金的紅利，如果租樓，「租金紅利」就奉獻給你的業主，如果買樓自住就奉獻給回自己了。因為「租金紅利」的存在，就算你不買樓，其實你也在支持著樓市和樓價！愈多人「等」樓價跌，可能就等於愈多人在市場增加「租金紅利」了！

劏房與納米樓　呎價更高

除此，劏房也同樣是樓市上升動力。2016年人口普查的數據評估香港有近21萬人居於劏房，劏房戶這種非主流的房屋供應現在已成長成為樓市結構必然的一部份，隨著租金上升，不少需要住獨立單位的人就下游往劏房，市場亦有一班投資者去不斷買合適

的單位去一劏為三或以上去為市場提供供應，劏房租金雖然比傳統單位少，但劏房的呎租卻是新高，於是劏房就成為了鞏固傳統住宅的租金基礎了，租金最後也自然支持了上車盤的價格，在房屋政策裡面，因為供應不足已不能沒有劏房這個潛供應，劏房技術上便成為傳統租戶往下游的落腳地！需求只是被壓縮到一個角落，房屋問題根本是愈來愈嚴重，但無論政府或市民都不會因為愈來愈多人住劏房而更積極去造地。

香港仍然是資金愈來愈多，社會正走向愈住愈細或者劏房化！部份購買力去了買納米單位，於是成本及銷售呎價都更貴的納米樓又帶動了樓價向上，立法會曾有人建議限制發展商不可把單位間

得更細一些，我聽了之後覺得可笑，普遍立法會議員又反對開發土地，又不可間細，這樣那些人住去哪裡？樓花納米單位正是香港走向劏房化的佐證！

在供應長期不足下，租金仍然在上升軌道，而公屋輪候冊的等待長龍卻愈來愈長，多年來我們荒廢了資助房屋，令公屋的轉流率急跌到只有1.2%左右（根據2017/18年度公屋數據，對比77.65萬個單位，淨回收量只有9,700個），每年我認為起碼減少了2%左右的轉流率，大概有萬多人是應該搬出公屋但是沒有搬出的，公屋已成房策上的堰塞湖，已失去流轉分配房屋給草根的功能。

作為租客，可謂「前無去路後有追兵」。有人認為租客負擔不起，租金就不會升？在市場學上是錯的，因為市場只會納米化或者劏房化去回應！當劏房租金升到一個程度，一樣推高整體租金，然後推動樓價向上！現在這個情況正在香港發生中，在買賣市場已經反映到這個演變出來，這個問題是死結，令人相當擔憂！

「父幹」亦把樓價推高

在另一方面，市場上亦同時發生著破頂的成交，買的年輕人背後是「父幹一族」的支持！這代表了甚麼？這是因為不少父親是已經供滿了樓，對他來說，他完全是有條件甚至樂意用破頂價為子女置業，因為他已有一層供滿了的樓宇，而其樓宇亦同時享受著

樓價破頂！這就是財富效應，從而形成了「升價循環」！只要政府繼續穩守嚴謹的按揭，這個升價循環就不會逆轉！

換個角度去看也即是說，父親在支持子女去用破頂成交的同時，其實也隱含著支持自己的單位價格再創高峰！以上所說的升價循環，在社會學上的角度卻成為了升價困局！如果無產者再不進步改變思維去看這事情，會繼續錯失上車時機！也失卻做正確事情的契機啊！

不少業主亦開始成長，愈來愈多因為樓價倍升而資產上漲的小業主，開始尋求將單位翻按，然後去再置業（或助家人再置業），這是一個新衍生的財富效應，購買力遠比草根強大，未上車的人士將日益「前無去路，後有追兵」，論上車，他們不夠有資產者去爭，但論交租，卻要面對不斷上升的租金壓力。

香港面對兩大遷徙

年輕人，真是寧願這樣也不肯贊成造地？很多人都埋怨每天150個內地來港單程證配額，我認為這個看法不精明，除了在政治上很難改變之外，大家亦要明白這個數字不是單方面衍生的，香港很多資源已經與內地互相對流，如果是要計較認真計數的話，結果未必對香港人有利，花精神去做一些有意義的事！

無論你願不願意香港和粵港澳大灣區融為一體,這已經是一個事實,在事實之下只有面對和逃避兩種行為。未來香港人其實面對著兩大遷徙,一就是部份人是會因為租金及售價的日益昂貴,配合未來粵港澳一小時交通網,會到珠江三角洲其他城市居住!第二就是一些人因為傳統的屋苑租金太貴,而開始轉到唐樓及洋樓區的「劏房」居住!我認為不幸地,租金仍然在上升軌道中,這點未買樓或者租樓中的朋友要小心。

圖表3.61 屋宇署住宅動工量(樓面面積200呎或以下)

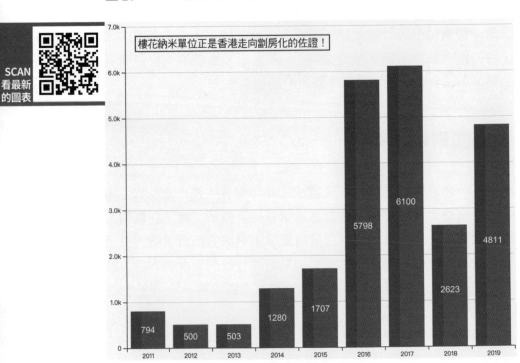

資料來源:屋宇署

3.7
三大購買力
主宰市場升跌時間

面對多變的市道，人們仍然用人云亦云的心態去面對，市民和不少評論員也是見好唱好、見淡唱淡。其實各有道理，消費者應該兩種觀點也消化，但數據只有一套，讀者應該自己去細味，找出答案然後根據自己的處境去決定投資策略，我想拋磚引玉就上車、財富效應和內地資金這三大購買力提供一些數據給讀者分析。當大家都在一個模糊概念去面對樓市，就會在迷惑下不斷錯失了投資的時機。

舉例2018年年尾樓價為何下跌？當時我解釋是因為三大購買力罕有地一起進入冰封狀態，因為申請居屋的入息上限放寬，上車購買力被居屋大抽籤凍結了不少有能力買私樓的人士；財富效應因為往往不是用家（End User），因此當貿易戰令市場悲觀的時候，這些購買力更為偃旗息鼓；至於中國資金也因為貿易戰而作出宏調去除泡沫，市場早已急凍，如果我們認為那次樓價調整

是因為購買力的話，那麼我們就可以用這邏輯去推演市場如何發生。

(1) 上車購買力

2018年上車購買力被27.2萬的新居屋抽籤所凍結，是此前的歷史最高！上次最高的是2014年的13.5萬個，1997年高峰期有11.4萬個，即是說那次居屋申請是近倍數於之前的最高！2018年新居屋第一輪申請是4月份的15.2萬個，到了年尾是多了12萬個，那多了的是怎樣來？如果看大增近10%後的新居屋白表申請資格（二人或以上家庭入息上限5.7萬元及資產限額196萬元），其實當時就包括了很多私樓兩房及三房的合資格人士（有能力買600萬元的私樓）。這些市場購買力被凍結，因此買家減少，但抽籤完解凍的時候同樣會增加600萬元私樓以下的購買力。

但是政府做得很好，在新居屋未正式抽籤前於11月14日已經宣布了綠置居第二度推出，正好將27萬多的抽籤名額裡面的綠表部份繼續凍結，但是無論如何，在隨後的11月尾回歸的上車購買力起碼會是慢性回歸及必然增加！在這27萬多申請裡面，只要1%的人是回流到二手市場，足以掃清市場上所有減價單位！

事實上，上車購買力在2018年11月29日居屋大抽籤之後開始就逐步回流了，而土地註冊處和差估署的數字已鐵證如山，我當時

的評估是準確的。居屋以及500萬元以下的兩房及600萬元以下的三房的私人單位率先找到谷底。

在財富效應和中國資金購買力進入了冬眠狀態的時候，市場也只有去迎合用家為主的「上車」購買力的負擔水平去發展，於是「上車」市場如屯門的450萬元以下的二手放盤也大增，只是，當各種購買力也回歸市場的時候，上車購買力便成為最弱的一群，在有限成交下，市場是由消費者金字塔中最頂尖的購買力去接收市場的，上車人士應好好掌握當下的上車機遇。

(2) 財富效應

實力強橫的財富效應（因資產升值衍生的新一波購買力），因為不是最終用家的關係，在貿易戰的心理因素下停止了極大部份的運作，未來貿易戰我們雖然未能掌握到何時完結，但是三大購買力近乎停止的狀態不可能長期繼續，縱使在戰爭的時局，市場也總要運作，新秩序出現後財富效應自然會驟然回歸！

我們在2018年尾看到財富效應主要是被貿易戰所帶來的負面心理影響，內地經濟是否這麼差？根據2018年1月至9月對比2017年同期的貿易數據，中國與歐洲的貿易增長約12%，中國與日本的貿易增長約11%。根據第三季貿易數據，中國出口至美國增長1成，而美國出口至中國則大減3成。另外，中國首屆進口

博覽會也累計成交578億美元。這些數據可以反映到在貿易戰之下，中國不是挨打，而且是處理得好好的。

我在2018年時評論樓市「假跌」有一個定義，就是在樓價下跌的期間購買力是積聚的，我們看到香港的M3數據，在2018年12月及往後數月的M3除了是連續創新高之外，我們還看到定期存款是每月大增的，例如12月份的定期存款是增加了4.51%或2,808億港元，即是說市場的而且確是合乎「假跌」的原則，在樓價下跌的同時購買力凝聚更澎湃，隨著樓市回復，投資者對樓價的樂觀，有關積聚的資金很可能會在之後幾個月回流到市場去。接著的兩三個月我們除了會看到樓價破舊頂之外，同時我們亦看到租金回復上升，租金上升會進一步帶動了草根購買力進入市場。

(3) 內地購買力

在貿易戰下，從內地的購買力我們可以看到甚麼？在2018年11月的「雙十一」的網上銷情，無論天貓、阿里巴巴、甚至包括蘋果公司都是得到網上銷售量的突破，「雙十一」創下了2,135億元人民幣的新紀錄。我們看到內地的市民購買力的強橫，並不是傳說中的下跌，人民生活改善，網上購買的消費種類亦是愈來愈高科技及高消費的。

一個過份的誤會，就是中國如果要處理本來令人擔憂的企業債及地方債的話，一定會由銀行著手，一定程度的所謂銀根短缺，我認為都是一個良性的整頓，但就被不少評論員當為中國經濟不濟，這個是錯誤的，我們應該就最新的消費和貿易數據可以看到中國是持續向好地向前發展的。

為了面對貿易戰及整頓地方債或企業債等，中國在2018年全力為市場去泡沫，資金流自然有序謹慎調控，以港股通為例，2018年比2017年共減少約63.53%，淨流入歷來最少。這股強大購買力自然於2018年偃旗息鼓，但同樣這靜止不可長遠，何況宏觀調控的特性，是去除市場泡沫後也必然將市場累積的能量適當地解放，沿此思路就能知道，其後的2019年不宜低估市場三大購買力！

3.8
投資者的
四個成長階段

本文想借用騰訊控股（0700）的成長過去，映照筆者發表的投資者的四個成長階段，也作為掌握未來樓市新常態的參考。

我認為的投資者四個階段，分別是：

（一）短期獲利

騰訊在上市之後股價很快便出現倍增，在倍增的過程裡面，很多人都得到成功的投資回報，但短期的高回報是否就是贏最多及最成功？對比2018年高位騰訊股價比第一天上市時上升了500多倍，截至2020年8月5日上升約700倍，顯然，短期獲利以外還有更多的其他學問。

（二）長揸

配合時勢，投資者在股價升值後仍「長揸」不放，結果收獲豐厚得多，騰訊算是長期持貨者的樂園，亦因此愈來愈多人以長期持有的心態去投資騰訊，這也是一成長的表現。在房地產市場，大形勢在這幾年亦的確存在的，就在2009年之後的環球量化貨幣潮，同樣如果是長揸的得益最大，加上在這時候政府推出樓市辣招，令很多人被逼長期持有「發達」，但也因此，在香港人愈來愈有錢的同時，有資產者和無資產者貧富懸殊的距離亦愈來愈遠了！

（三）增持

在「長揸」的過程，投資者會進一步進化，不單長期持有，更進一步增持，也因為股價不斷攀升，他們也愈賺愈多！

（四）止賺

2018年3月22日，騰訊大股東宣布賣出1.9億股，及3月26日CEO劉熾平亦宣布賣出100萬股，我們看到投資者成長的第四階段，賺到錢之後的「止賺」情況，當這種止賺力量比市場入貨的力量更加大的話，就容易造成股價下跌。其實樓市亦一樣，當房產投資者賺得愈來愈多的時候，去到一個點，投資者總會發覺需要止賺賣出一點，改為投資其他更安全或者可得到新價值的投資對象，當想賣出盤止賺的人，比有限的成交多的時候，樓價一樣會出現調整，當然這種調整不是泡沫爆破形式，亦未必會拾級而下，但是已足以令到一些準備不足的人應付不到。

而「止賺」的樓市下跌，和97年亞洲金融風暴「止蝕」的樓價下跌是有很大的分別的。

3.9
納米樓 Vs
兩房與三房

根據屋宇署數據，樓面面積在400呎至600呎佔整體動工量比例，由2012年的33%下降至2018年的10%，2019年則是12%；而600呎至800呎單位的三房單位長期是「搶手貨」，供應比例也不足。再看看市場所謂的動工量，2017年動工量22,726伙比2年前雖然增加了約5,000個，2019年動工量下跌至12,693伙和2018年相若，但其實增加的數量都只是做了一些納米單位，甚至搶了一些三房或更大單位原本的供應量「玉成好事」。

納米樓成了私樓中轉房

將原本屬於三房的大單位琢細成為細單位或納米單位去增加供應伙數，表面上房屋供應數字有增加，其實在房屋政策的效益並不大，因為這些單位細小的關係，兩、三年搬走的機會很大，於是

變成了私樓的中轉房屋，納米單位的小業主換樓自然是以更強購買力去買兩房或以上。這群強勁的購買力，將來會搶貴二手的兩房單位，所以400至600萬元以下的兩房單位是其中的入市良機。

如以上供應結構不變，除了兩房外，三房在未來升幅也會更勝一籌。買優質的三房單位長遠亦減去了日後換樓的後顧之憂。三房單位不少比兩房呎價平兩成左右，但是在全港超過170萬個的可售單位裡面，其實三房是佔少數，滿足不到在上游的兩房需要，所以對買三房的準買家來說，價格在按揭高牆以下的三房單位也是入市良機。

當然，打造了另一個樓市高潮的，除了政府變招慢及發展商配合按揭去做細單位之外，所有市民、年輕人及政客都要負上責任，就是不肯去取共識製造土地，而反對造地的理由中以環保及「政府有其他地」最似是而非，無論真理是甚麼也好，我們在蹉跎歲月之下已付出了沉重的代價。

圖表3.91　屋宇署樓面面積在400至600呎的單位動工量比例

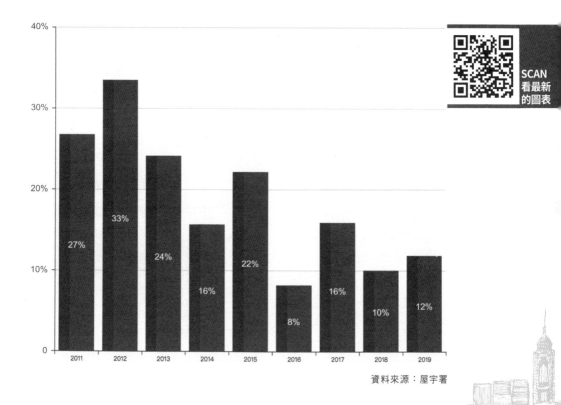

資料來源：屋宇署

納米單位大增

我們進一步將樓花納米樓動工量作了歸納，結果比想像差，我們正在打造另一次樓市高潮！樓面面積在200呎以下的住宅單位由2012年每年500伙，去到2017年已急升到6,100伙的高峰，是2012年的12倍以上。以動工比例計算，納米單位佔所有面積類型單位的動工量比例在2019年已上升至38%。

納米單位大量增加，是發展商回應市場建多一些按揭高牆下的上車單位，因為在舊的按揭制度下，400萬元以上不能做到九成的按揭保險，600萬元以上不能做到八成的按揭保險，政府遲緩不為樓市辣招變招，其實社會是要付出代價的，單位在愈來愈細下，自然呎價也愈來愈貴，未來動輒過兩三萬元的呎價將成為市場破頂的指標。

因為不少單位是改細了成為超小型200呎左右的納米盤，如上文我也提過，這些納米盤其實是私樓的中轉房屋，那些住納米盤的住客在幾年後就會需要找一個正式的400呎或以上的單位住，其實對供應中長期來說不單幫助不大，更是一種消耗。

圖表 3.92 屋宇署樓面面積在 200 呎或以下的單位動工量

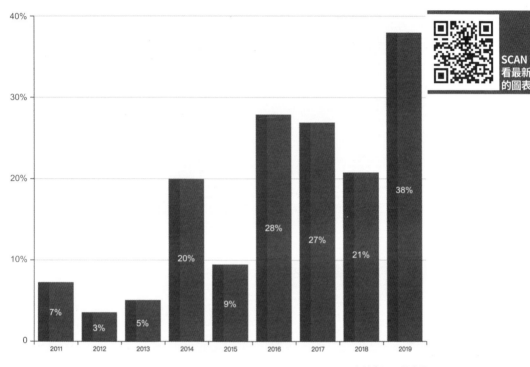

資料來源：屋宇署

3.10
如何投資
車位？

談如何投資車位之前，讓我們先來看看數據，以分析車位是否值得投資。以下四點，是大家都要認清的理據。

（一） 私家車數目持續攀升

據統計，香港所有車和私家車數量，除了在70年代中和80年代中有所減少外，大部份時間都在增長。香港私家車登記車輛數目在1990年破20萬輛大關，在1994年破30萬輛大關，在2007年破40萬輛大關，在2013年破50萬輛大關，在2017年破60萬輛大關。在2019年香港共有62.8萬輛私家車登記車輛，而所有車達87.9萬輛車。根據最近10年的數據，香港私家車平均年增長約2萬輛。

（二） 香港十輛車輛中有七輛是私家車

根據運輸署數據，香港私家車佔所有車輛比例在2019年是71.5%，創60年來的新高。按照目前趨勢，私家車比例將持續維持高水平。

（三） 車位供不應求

根據最新的數據評估，過去可供私家車使用的車位平均每年增加約6千個，按照目前趨勢預料2025年年尾，私家車登記數目將會超出私家車車位，屆時全香港只有71.8萬個私家車車位服務72.9萬輛私家車。車位供不應求，於2020年代或成為重大民生問題。

（四） 違例泊車問題加劇

自2016年起，香港警務處每年發出違例泊車定額罰款的次數多於150萬次，2018年更突破了200萬次，是2003年（50萬次）的4倍，可見香港對車位的需求量強勁。而2019年該數字則是142萬次。

圖表3.101　香港私家車車位供應飽和時間評估

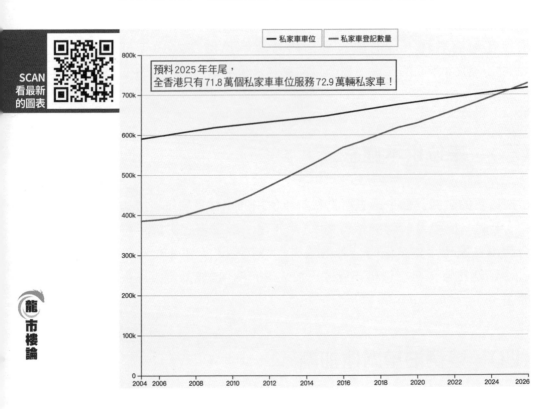

資料來源：運輸署

圖表3.102　違例泊車檢控數字 (萬次)

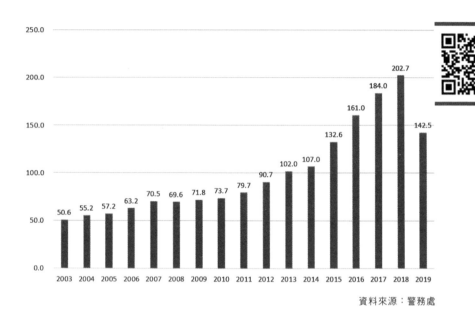

資料來源：警務處

投資車位前要注意的事

投資車位與住宅的風險方式不一樣，因此計算方法有別，買家購買車位前，建議先看清楚公契、甚至地契，因為大部份車位是有規定使用者及購買者的身份。

如果買家購入了一個沒有資格可使用的車位，或者購入了一個沒有資格可購買的車位，這樣投資上不但有所損失，而且相當煩

惱。當然，普羅市民不輕易看懂公契及地契，必要時，買家購買車位前可向律師咨詢。

留意該地區潛在供求

車位是一個地區性的市場，地區上的車位供應突然增加，容易影響車位的投資價值及回報，所以買家在購買前，必須有所準備，先了解區內車位的潛在供應量，以及區內的發展大綱圖、區議會文件。

投資車位市場的秘訣是要掌握「財富效應」，通常在樓市熾熱後的下半場，這時便輪到車位急升，當然，在整個市場周期間，車位市場的平靜時間相對較長，換言之，買家更需要收租回報率以支持。否則，在較長的平靜時期，投資會較為被動，而且防守力較弱，回顧近年「財富效應」產生了作用，加上在「辣招」下，不少人的投資轉趨保守，「財富效應」未能在股票投資方面得到較大的回報，也不能購買較多的地產物業，於是不少人會購買靚車，買車後便購買車位，甚至不少人索性直接購買車位。

所謂的車位回報率高便是「財富效應」衍生的，無論如何「買有風險！不買也有風險！」我十分鼓勵買家購買車位作自用，在自用的情形下，風險計算方式是不一樣，購買車位作自用，這的確是一項相當不錯的投資！

3.11
名鑄入市
個案分享

2020年4月，我投標買入了名鑄複式單位，傳媒神通廣大，在我未收到發展商正式通知成功購入前，多間主要傳媒已經來電求證，未能直接聯絡到我的紛紛致電我秘書及公關部，市場對於這成交的反應的而且確是異常熱烈的。

我因而希望盡量用我買入名鑄的過程作為實例，和各位分享一些買樓的要訣。

用數據做功課　信自己

首先，我在這個時間去買價格過億的豪宅，當然是代表了我對樓市的前景樂觀，但是，每個時候都可以是買樓時機，問題在那個時候甚麼才是合適的策略和部署。

還有，就是每個人都有他的特有機會和風險結構，所以買樓不是跟風，應該自己用數據去做功課，終歸都要只信自己。

在我來說，好多人以為我是經營新界西地產代理，一定在屯門有很多投資，其實我不太熱衷在我經營區投資，因為既然我算是有投資本事的人，我在經營區投資少一點我相信我的客戶會高興一點。我的重點資產是在西九龍的多個全海景單位，買名鑄對我來說是最能夠掌握到投資進退。

任何人也會在一個時間裡面，有個最有利的投資板塊和策略。認識自己！找對目標！我不喜歡用「必勝」這字眼！我喜歡用「無得輸」一詞！將輸的因素考慮好，避免輸及做好準備，自然可以將輸的機會減到最低。

考慮個人風險和機會

名鑄複式單位是今次我投資的項目，讀者又如何為自己尋找合適的目標對象？

我常說：每個人的風險和機會結構都不同。用另一種說法是：每個人的處境、背景配合時機的合適投資對象在當下也會不同。每個人都有自己的故事。

說實例：如果你需要買樓而現在正租住私樓，「仲使乜等時機啦？」現在就量力而為買啦！息率如此低，往往平過租金支出。早買一日賺一日！早買一日就早一日得到下一個回合的回報期，即是令下次買樓時機更易掌握！

如果你是細單位業主，你想換樓都不要等！現在很多三房單位的呎價都平過兩房，這是未放寬按揭前的 Lum Sum 效應造成，現在市場正修補這個差距，「等」好大機會是「後悔」！

但對一些已經用盡了買樓「名義」（人頭）的人，他的考慮亦會有不同。了解好自己，認清楚自己的故事，編輯合適自己的人生劇情！

別執著一兩個價位

許多人都看到入市的時機，但是大部份都失諸交臂錯失良機，為何？因為心思放錯了重點！

如果你捉到了入市時機，最重要的不是是否平一兩個價位買入！最重要的是：「你有無買到？」十年後，你是否買平一兩口價其實分別不大，你亦應該不記得的，但十年後你有沒有買到就可能影響到你的人生！更加不值得為一兩口價錢而錯失了機會成本，機會成本有多重要？很多人錯失一次機會，就會不斷錯失下去。第一可能是心理錯綜複雜影響，第二是今次錯失了，三年後樓價會再升一截，三年前成功入市的人可能已經準備換樓了，你內心可能仍在掙扎中！

入市「機會成本」才最重要，「如何進入市場」、「甚麼時候能以樓衍生樓」，如何買入能令機會成本充分發揮，比爭取一兩個價位重要得太多了。

我的fans中不少是十年前爭取上車，不少現在已經有幾個物業了，就是機會成本掌握的成功！

高手透過報章已了解到我買入名鑄的部署精髓！

住宅只有「斷供」風險

買樓投資存在一定風險，向好那邊看，買樓的風險並不複雜，尤其住宅只有「斷供」風險，即是說縱使樓價下跌，只要你不斷供，總是可以翻身的。但是如果斷供出現，你可以輸掉一切！

我買入名鑄這個案，未到回報期，即是未可以說是成功的時候，所以暫時我只是分享我的如意算盤。

事情應該這樣去看：2020年想還自己的心願，我想趁低買一些市區舖位，如果我將同一筆準備了的資金，除了買到舖位外，我還可以買多一間豪宅，和谷底增加一些股票數量的話，那麼我覺得我算是增加了我投資的效率了！

靜市的時候買豪宅的好處是可以得到很好的買賣流程包括付款方法，令到我量力而為去善用我的現金流，買得輕鬆！自然可買更多！

表面上我是賭大了，卻其實，人人都知我是一個很審慎投資的人，玩以上的遊戲必需要還有一個能耐：「現金流的掌握」！「一切也是現金流」！很多人不明白，為甚麼一間地區性地產代理可以有比人們想像中強大的活力，因為我近年一直都是經營「現金流」！

第四章

捕捉大基建下的新常態

4.1
多個中央商務區
崛起

新常態發展至今，很多人都問：樓價升了那麼多，還有甚麼物業是值得考慮去投資的？其中一類型我自己也會買，而且認為很值得投資的便是甲級寫字樓，在新常態的大都會香港而言，除了原本的CBD（中央商務區）外，也會衍生CBD2、CBD3的多個CBD的新格局，基建是會衍生新的投資機會及板塊。

甲級寫字樓較穩健

當然，所謂甲級寫字樓，其實只是CBD裡面的一部份，因此作出有關投資決定前，第一要看清楚想買的寫字樓是否連繫新的基建與CBD藍圖，第二是否屬於甲級寫字樓。我個人認為甲級寫字樓是比較好及穩健，如果要買乙級或代用的，譬如：商務樓，其實也可行，不過需考慮的因素較多。各位可想像去到某一日，甲級

寫字樓的供應始終也會充足，屆時較次要的或者取代性的，就有機會出現褪勢。

港珠澳大橋連繫 CBD

香港人經歷了海底隧道、MTR（港鐵）令生活面貌曾經作出很大改變，既然交通及基建是一個數十年來買樓的金科玉律，甚至乎是幾千年來一個地方繁榮的關鍵標誌，那麼香港未來會如何轉變？

絕大部份人都低估了未來香港的轉變，港珠澳大橋是其中一個最大的忽略！對很多人而言，港珠澳大橋只是一個大型的基建，但忽略了它將來會是世界上一個全新 Model（模型），在 40 分鐘內可以去到五個 CBD（中央商務區）。在新的規劃下你發覺將來無論由屯門或天水圍出發，可以在 40 分鐘內去到中環、洪水橋、福田、前海及橫琴五大 CBD，這個可以稱得上世界上獨一無二的組合。

我去過世界上很多地方，但從未見過一個繁榮地方可以在如此短時間內連結五個 CBD，即是代表珠江三角洲將會是一個龐大的商貿引擎，將來一定會衍生一種新的珠三角洲生活，在 40 分鐘內可以縱橫四海，能夠掌握最多資源、見識到最闊的天空，這個可能是其中一次香港最大的轉變。

值得留意的基建

屯門未來基建

港珠澳大橋屯門至赤鱲角連接路

- 連接路完成／啟用時間表
  - 南面：已於2018年10月24日與港珠澳大橋同步開通
  - 北面：最快2020年

- 連接路將提供往來新界西北與港珠澳大橋、機場及北大嶼山最直接的路線及另一條往來機場的替代通道。
  - 北面連接路以隧道連接屯門40區和港珠澳大橋香港口岸，南面連接路以高架橋連接香港口岸和北大嶼山。

屯門南延線

- 西鐵綫延伸至屯門南一帶（屯門碼頭），將方便更多屯門新市鎮居民使用鐵路服務。項目預計可於2023年動工，2030年完工。

北環線

- 北環綫屬於西鐵綫第二期，來往錦上路站及古洞站，在新界連接東鐵綫及屯馬綫。（屯馬線一期已於2020年2月14日通車）

4.2
大灣區下的
買樓貼士

世事變得太快，無論思想還是局面！香港是由市場主導，卻因為
欠缺對流互動的能力，在以中國為重心的新國際藍圖中，陷入了
被動及競爭力不足！

屯門天水圍成為重鎮

2017年3月5日，李克強總理在全國人大會議宣布了粵港澳大
灣區的計劃，有關計劃其實是將廣州配合港珠澳大橋及高鐵等高
效率基建，將五個CBD連在一小時的生活圈中，這是遠超倫敦、
紐約等舊有大都會模式的超級經濟引擎！屯門天水圍成為了國際
大都會的重鎮，但香港人其實還未知寶，即使樓價最近有破頂之
勢，但是屯門樓價仍然是大幅落後於基建較遜一籌的新界東，顯
示基建的價值仍未在價格上反映！

在以一帶一路為首的新基建格局下，世界將會由海權社會變化為陸權社會。而點對點的運輸就會改為每一個車站都會有貨上落的物流主導。有關的成本會大量減低，但是得益的面和人會大量擴大！更加重要的就是，這個物流主導會產生對流衝擊，一切事物會在與世界聯系接通下重組，對流能力強的地方和人就會得到大的優勢。

水流效應正在發生

你認為香港準備好沒有？在這個新的對流世界裡面，更加會衍生了新的金融局面，既然水是流動，自然會水向低流！即是說實力強的對手會湧去實力弱的市場去佔據，價格高的購買力會湧去價格低的購買力去佔據，這個水流效應現在已經正改變香港了！

所謂三軍未動，糧草先行，未通車資金已經湧來香港，香港地皮已不斷被內地發展商所奪得，背後不單是金錢多少的問題，還牽涉世界和經濟模式的改變，當香港樓價停止上升的過去數年，如果另一個地方或者另一個社群，他們可以在樓價大升之餘仍然可以減除泡沫的，就等於我們的競爭力被比了下來，那我們的資產會被人「買起」就是理所當然且會繼續發生的事了。

在香港年輕人抱怨難以置業的時候，開始見到有南亞裔的人士刻苦儲蓄買得私人住宅，各位，我們是否應該好好深思一下。

4.3

「一帶一路」的 受惠地帶

2017年「一帶一路」國際合作高峰論壇已經順利在北京舉行,看見29個國家的元首出席圓桌會,為沿途的發展中國家提供基建及經濟開發的支援,也為環球各國提供了共贏的新模式,顯示了中國真正大國崛起了!也即是說,香港在此新格局中的角色也正式啟動,並逐步走向成形。

留意九龍站與新界西

在配合「一帶一路」下,從投資地產的角度來說,香港有兩個板塊是最受惠的,一是西鐵九龍站一帶,因為九龍站一帶正正是將來的高鐵總站,亦可以說是其中個一帶一路的源頭,透過高鐵將來在西九龍前往北京只需約10小時車程,在高鐵之下,世界變得細小,中國前往俄羅斯只需約30小時,前往歐美約2天,將來坐

高鐵已經可以遨遊世界，高鐵沿線特別是總站，能夠匯聚到錢財及人才都眾多，因此九龍站未來樓價將遠遠跑贏大市很多。

另外一個受惠於一帶一路樓價的是新界西，新界西在港珠澳大橋通車後將透過粵港澳大灣區匯聚廣東省另外十個富裕城市，大灣區就會衍生大灣區的生活模式，同樣，九龍西亦會建立高鐵的生活模式，這種模式甚至生活節奏都會成為未來世界人們都追求的大都會生活。

筆者認為不出幾年，西九的樓價相信是世界數一數二的大社區，而屯門及天水圍的樓價相信亦會高於香港大多數的市區。

港珠三角一小時生活圈

特別要補充的是，高鐵除了令香港融入整個一帶一路之外，其實亦更有利實現香港和珠江三角地區一小時生活圈的發展，從西九龍總站出發乘坐高鐵到廣州只不過是48分鐘，那種快捷、舒適、安全的乘車體驗，必定愈來愈受到旅客歡迎。

香港人大多數人似乎都生在福中不知福，不是很察覺到自己的機遇，因為有關的機遇不單會帶來利益還會帶來衝擊。

當然，本人經營的地產正正在於新界西，而自己居住的地方亦在西九龍，所以我必須披露我個人撰寫本文產生的利益衝突，不過，各位要深思以上問題，無論你的答案與我的是不是一樣，我相信你分析完後一定對自己的投資有裨益的。

第五章

觀大局　知龍市

5.1
認識國際形勢
鑑古知今

許多人不明白，評論樓市為何需要分析國際大局？

正確來說，評估樓市不單是需要，而且是必要分析國際大局啊！

大部份評論員在過去十年評論樓市出現錯誤也是因為沒有去認識大局的新常態，世界變了還用舊的理論，結果自然謬於千里了，其中最佳的例子就是錯判加息周期來臨，和迷信牛熊理論了，結果高息並沒有在香港重現，牛市三期及熊市在過去十年也在香港地產沒有過蹤影！

局面脫離舊有程序

近十年，國際大局出現西去東來的大改變，無論你是否相信，的確要知道的事實是：中國逐漸影響甚至開始主導大局，在過程

中，美國影響力會逐漸減弱，而其他各大國的互動能力也加強了，於是在量化貨幣過程中的形成、份量、和反應也會和過去大相逕庭。

在金融海嘯後的量化貨幣上，美國失去主宰分配的能力。各國也紛紛大幅量化後，相加的數量龐大，令局面更加脫離了舊有的秩序。

環球量化貨幣倍增，各國包括香港的 M2/M3（泛指總存款量）暴增，各國也恐懼資金上升而令資產價格因投機而失控，於是也紛紛以行政抑制投資，如此一來，銀行存款卻大量積聚，當存款遠高於借貸時，結果一定是出現「低息年代」了，這些各國也公開的數字，只要肯去搜集和沒有偏見去看，就會明白我為何多年前已狠批「加息風險，子虛烏有」了。但仍有很多評論員連甚麼是 M3 也未清楚、連聯系匯率的機制也一知半解（看現在仍有人單看銀行結餘減少便當了資金流出香港便可見一斑）、也很少人去認識未來「低息年代」延續的新主角——美國債息！

一切以上的大局因素，其實是直接地影響了香港的地產，我們應將真相和公眾分享，本篇我們只希望簡介一些過去受人忽略卻在未來必須要掌握的大局因素，或其有關的歷史，希望讀者先得「知」，然後將來再進一步分享。

現在評論樓市已不是易事，無得抄功課，因為功課也大部份是錯

的！無論說得是否出色，也即時有人在網上向你挑戰，發表後會有人為你不斷對數，評估略有差池，挑戰者就要你找數！地產代理評論樓市更加會被人質疑有利益衝突及說話，我在評論界受認同只是憑數以十年計的事實印證，我說的能在評論後得到證實，才能得到尊重！我十分希望將我多年身體力行的考驗成果與各位分享！

美國的強權年代

1975年當越戰結束後，人們也認為冷戰時代引起的世界大戰危險可以消除，卻不知道七十年代美國將金本位（以一定的黃金儲備，作為發行貨幣的基礎，防止貨幣亂印）的取消，才是另一場以貨幣打的世界大戰的開始。

二戰之後，據說美國擁有世上75%的黃金，1973年之前，她把黃金定為每安士35美元，各國如擁有美元的外匯，他們都可以35美元向美國兌換黃金，因此美元被世人稱為美金，後來因要兌換黃金的國家愈來愈多，美國便廢除這項承諾，金本位至此瓦解，兌換的國家為何愈來愈多？說穿了，鈔票會否印得太多？

1971年，當美國以金本位贏了全世界人的信任後，便把金本位取消，從此美國就無本生利，無限量的量化貨幣，銀紙印了就去用，用了之後就由與美元掛鈎的貨幣帶來貶值去承擔。在過程中

有關城市的資產價格上升，貧富懸殊令社會內部撕裂。但極端霸權的是，美國「印多了銀紙」最後竟可以不貶值，因為她們往往之後會製造更大的美元需求，所謂需求，其實就是因為世界出現動亂，令最主要的貨幣即美元因此需求大增。而動亂，當然包括金融的動盪！為了穩定金本位撤出後引來的不安，美國大幅加息至21厘息高息，這是霸權的豪奪手段，而非合理常態，世人從此認為美國可隨意操控息率，利用「發鈔霸權」任意掠奪全球資源。

從此人們也迷信美國，人為的印鈔剝削周期和常態，竟被世人當成為了正常的經濟周期和市場定律！

剪羊毛——搶掠年代

美國透過發鈔將財富增加，也透過發債等手段將實質財富收回來，我們戶口的儲蓄便因此隨美元貶值，而戶口中的「值」就去到了美國佬的口袋裡。我們被剝削數十年，為美國佬奉獻的，一定多過納稅予自己的政府。

美元價值愈來愈發水，但是為何環球各國包括香港，仍然甘心和美元掛鈎？因為各國已經泥足深陷，跟隨了美國的音樂舞動，每次國際上有動亂，資金便需要找地方避險，只要美元仍是相對最穩定的投資，美元就會升！所以美國要當世界警察，因為可以管理、掌握、甚至製造「亂」，世界愈亂對美國愈有利。美國要在

賺「印銀紙」之餘，更推出邪惡的「剪羊毛」手段，即是「量化很多的美金，再借給世人製造泡沫，各地市場在大量資金湧入後自然價格急升，然後回收資金令泡沫爆破，最後令人們在惶恐下再買入更多的美元避險。」對！在印更多的錢下卻把工資、甚至樓價升幅也吃掉！

而「剪羊毛」的其中之一的表表作，其實是我們親身體會、成為其中一份子的「亞洲金融風暴」，香港及東南亞慘被洗劫了！

97年金融風暴前的十數年，歐美引入大量的槓桿借貸概念到東南亞！當年香港普遍人都比自己能力超額借貸幾倍，到了97年，這泡沫再由美國人去引爆，不單樓價及股市暴跌，當時亞洲經濟崩潰也令美國在銀紙印得更加多的情形之下，因局勢動盪令美元需求大增而升值，可憐與美元掛鈎的港元也上升，進一步引起了樓價下調的壓力和深度，多個環節都是人為製造的。

巧合地，那段時間歐美其實並沒有經濟的大進展，但他們樓價卻不斷上升，我認為與原本在東方的資金走到了歐美避險有關。

美國的霸權不單吃敵國，又吃盡盟友，最佳例子就是日本。

日本在八十年代經濟崛起，開始挑戰美國的貨幣實力，於是在1985年被逼簽下《廣場協議》，日元即時急升，在10年時間兌美元升值2倍，日本失去了貨幣的自主下，經濟便拾級而下，一蹶不振。

美國國勢轉弱

不過，當07至09年後，美國的長期赤字引來了金融海嘯，霸主終於有崩潰的一天，雖然美國最後也用了量化貨幣及發債去救亡，但和過去的量化有三個很大的分別令局面結構性逆轉，一是中國趁這機會大量買入美債，2000年中國擁有的美債只是714

億美元，M2（貨幣供應量）只是12萬億人民幣，去到2008年至2010年之間，中國開始大舉買美國國債達近7,000億美元，使持有量達1.2萬億美元的水平！成為了美國的最大債主！當時很多人認為中國吃虧，將辛苦從工業賺到的錢奉獻給美國，卻其實成為美國大債主的同時，由2008年開始中國M2也大增。去到2018年10月總共比2000年增加了14倍去到180萬億人民幣。

2004年是分水嶺，中國的美債持有量和M2份量是2000年的3.1倍和2.1倍；2004年至2007年是新階段的熱身期；2007年美債和M2的份量分別是2000年的6.7倍和3.4倍；2008年開始是起飛期了！去到2010年美債和M2的份量分別是2000年的16倍和6倍，中國用了他的積蓄捨身救了美國！但亦因此中國成為了美國最大債主！人民幣的信用地位也因此急升，美國在利用中國延長她的霸主年代之外，卻對他來說也打開了潘朵拉的盒子！從此各國就多了一個兌換的選擇，貨幣市場也因此打破了壟斷了！

貨幣壟斷的結束，代表了各國在08年之後的環球量化貨幣潮不需要再仰美國鼻息。貨幣量不受美國控制，美國自然不能主宰貨幣價格！中國成為了美國最大的債主，也代表了他兌換美元的能力也是除了美國外全世界最強，各國多了一換取美元的對象。

其他貨幣量化的空間大增，也代表了依賴美元少了，原本海量入境的美元，大部份也只是存在各國的M2(泛指總存款量)系統中。

到了今天，當不包括美國的各國（例如中國、日本和歐洲）量化貨幣上的步伐幾乎一致的時候，美國經濟便受到極大的衝擊。例如2017年起人民幣和歐元量化及匯價升貶上也是近乎同步的！如此，美元便「被升值」，這些量化貨幣相若的國家若互相貿易正好是可很大程度避免了貶值，美國貿易逆差自然每況愈下了。

到了2018年開始，美國一如以往，在量化貨幣之後大量收水以「縮表」方式減少市場的資金，但是除了個別弱小的貨幣國家要面對考驗外，已充分量化的發鈔國家固若金湯，看看各國的M2（泛指總存款量）沒有大減甚至有些國家還大增，可見各國在美國縮表之前實際已經去美元，減少了對美元或美國資金的依賴。

另外亞投行的順利成立及一帶一路的成功，加上2015年國際貨幣基金組織宣布人民幣次年加入SDR特別提款權，人民幣在國際貨幣市場也就成為明日之星，也進一步削弱美國的影響力及加大了市場的變數。

環球的大量化年代

因果總有報應，美國公司享用貨幣優勢把工廠搬到了國外，卻也令不少美國人逐漸失去了工作，國民收入便進一步減少，於是欠的債也更加不能還，福利壓力大，財政赤字日益嚴重，惡性循環。

實體市場收縮，美國的貨幣和債券也無止境量化，加上「剪羊毛」，其他國怎會甘心任人魚肉？各國趁金融海嘯後，除了量化貨幣外，另一方面，各國貨幣已開始配合中國開發「直接兌換的平台」，我叫中國這種貨幣策略為 C to C（country to country），這個政策由多年的低調轉為非常進取，除了之前的歐洲、新加坡、匈牙利、阿爾巴尼亞、印尼、冰島、日本外，更與新西蘭、阿根廷、斯里蘭卡、韓國、俄羅斯建立點對點直接兌換機制，這令美元的流通量在國際上不斷在減少中，如此直接兌換容易衍生同步匯價升跌。

根據我們2018年的統計，共在24個國家同時量化貨幣下，美國

其實是「被強勢」，美元過高這情況繼續，在軟、硬實力都蒸發下，美國可能要被逼重新加入量化貨幣。亦因此，引來了後來特朗普的貿易戰。

如果在美元貶值的時候，我們還可因為聯系匯率了解到樓價上升的壓力，和因貨幣貶值率而評估到香港樓價應該上升的比例。但更可怕的貶值是看不到的，如果單是美元量化，其他貨幣不量化的話，我們很容易就可以在匯率上看到，但是如果大部份的國家也在量化貨幣，我們根本就不可以在匯率上分辨到，甚至乎兩個「印銀紙」很多的國家，表面可能匯率沒有變化，實際上貨幣已大幅增加，最後也會回到物價上。

如果美國失去壟斷貨幣市場是令到各國量化貨幣出現的話，各國的「去美元化」也會引來減持美債。

美債風雲

美國長期財赤，解決財赤的QE也因印得太多已在2014年停了。

另一解決財赤的工具 —— 美國國庫債券，並不能夠持續得到原本主要債權國的支持，中、日也在減債。

我們看回數據，中國去到2013年11月之後開始終止了買美債的上升軌了，正確來說，是進入了輕微下調的軌道，日本更是進入

了大幅減少美債的軌跡。2014年，美國因為過度量化貨幣而被逼停止，但美債仍然繼續增加，本來美國是透過一面發債一面量化貨幣這雙魔術手令虛擬的貨幣變了真實的金錢，這幾年只發債不能QE，債價當然會一路下跌，債息自然一路上升！

很多投資老手已經是逐步退出債市，正確來說，大小投資者買美債的策略也是「棄長買短」，換貨令市場平靜地避免價跌，如果長債真的少了人買，買長債自然由美國的國內資金去補充，這可能是美國M2在大量量化貨幣之下，仍然相對上沒有大幅增加的原因，也可能是美國在量化貨幣之下，竟然不能夠大興土木做基建的秘密。曾被譽為零風險的投資產品，美債可能是歷史上最大的虛假泡沫，當外國停止增持美債的時候，「債息倒掛」就有機會出現，其實即是虛假遊戲的結束。

如今，美國極可能在自己買自己的債，債價自然下跌，債息因此上升。如果美元失去支持，美國的金融優勢將土崩瓦解被各國所瓜分。眼看強勢會被中國接收，美國其實是被逼行最後一著險招，就是貿易戰。貿易戰是七傷拳，傷己也傷人！但為甚麼要用？說穿了就是非救債市不可。

發動貿易戰

從數字去看，美國在貿易戰上的收穫是有的，只不過不是人們關

心的打擊中國經濟，而是短暫挽救到美債市場，包括在2018年的貿易戰，其實都有一個重要的事情是做不到的，就是熱錢主要流入股票市場而非債市，而2019年特朗普發難，在中美股市都有受損的情況下，我們會發覺當時在債務市場是出現了增持的，而美國10年期債息由2018年11月8日的3.24厘去到2019年5月28日的2.3厘左右，反映資金有流入債市，這挽救了本來出現危機的美國的債被國外人士減持的局面，債市的穩定令美國有印鈔的能耐，但如此一來，債價升就會令債息下滑，進一步造就了未來的減息年代，這點是投資地產的人必須要留意的。

英國脫歐公投的啟示

2016年的英國公投決定脫歐的事件，教識我們幾件重要的事情，第一就是美國已經不是必然的資金避險中心。脫歐之後資金並沒有太多走去美國，反而來了香港，之後東南亞及新興國家便逐漸成為資金避險地！

未來若西方國家包括美國出現了金融動盪，以上的經驗就可以作珍貴的參考作用了。

量化貨幣由誰來「埋單」

印銀紙誰來「埋單」？當然是將錢存在銀行的儲蓄者，錢愈印得多就愈貶值，於是儲蓄戶口的錢好像不變，但能在市場兌換貨物的能力就收縮了，其實就是被印鈔者偷了去！這是經濟剝削，也為世界各國製造了極端的階級衝突，因為銀紙既然貶值，有資產者就得到表面可觀的投資回報，而無產者卻要面對高通脹之苦，這樣社會自然會出現撕裂，這也是各國也出現因貧富懸殊引起的政治亂局的原因。

5.2
磚本位

要更深入探討「龍市理論」，便必須深談「磚本位」。龍市理論其實是描寫中國資金主導和宏調市場秩序的市場現象及勢態，希望讀者透徹了解原理和概念結構就可以做正確的事，而不會不斷做錯決定了。

龍市理論和過去的來自西方牛熊理論不單是市場結構和政策上的不同，還包括了彼此民族的不同哲學，龍市和牛熊的最大分別在於儲存財富上的深度並不一樣。

從此泡沫經濟因為高槓桿借貸的關係，房地產其中不少是負資產（或容易成為負資產），但在宏觀調控下的中港房產（香港自實行了樓市辣招後實際上已經是宏觀調控下的市場秩序）普遍已是高儲藏財富的資產了！

中國傳統　積穀防飢

牛熊理論因為是服務泡沫經濟的關係，實際是象徵了西方的投機文化，但龍市理論是象徵著中國傳統農業社會的積穀防飢文化！

在中國民間，儲蓄是傳統的美德！不過近代這軟實力卻深受先進的西方國家的資本主義或自由經濟所衝擊，甚至在泡沫經濟的高槓桿借貸下，傳統儲蓄被譏笑為低效率，是過時的做法，很多人被征服了，卻其實可能只是儲蓄方法要改變，而不是儲蓄本身不對。

龍市理論起始於2004年我開始撰寫的「錢罌理論」，其實那時的香港房地產市場已開始由亞洲金融風暴的被搶掠後，如驚弓之鳥的香港人收斂了投機的野心，大幅減少炒賣及投資，開始由高槓桿借貸到腳踏實地去持續供樓，其實這樣已是回復儲蓄模式了，市場的低轉流和成交下，當償還按揭的量日益多於新做按揭下，即代表房地產市場的財富儲藏量加深了，是為「錢罌效應」，儲蓄到一定份量下成為了今天強大的「財富效應」，只是當時人們並不是概念改變，只是恐懼了樓市的下跌而已，大多數人心裡仍然迷信西方的市場模式，所以很多人都錯失了之後十年的低息、樓價高增長豐收良機。

房地產政策的「本位」功能

後來中國的經濟起飛且發展了自己的經濟模式，雖然融會貫通了西方財技，但仍能保留了中國儲蓄美德的真髓，就是固本培元及藏富於民！究竟中國用甚麼法度？我稱這套法度叫「磚本位」，雖然坊間有幾個類似稱號的學說，我更歡迎一起推廣樓市理論，只是我的磚本位並不是用來比喻房地產投資奇貨可居，而是集中剖析房地產在政府政策的「本位」功能，就有如過去英國的「銀本位」和美國「金本位」的本位功能一樣，這些除了我之外，一直都沒有人去發表過的。

「本位」是國民甚至金融的核心基礎，就如金本位的黃金一樣，可以評估、可管理、可高速普及、更可穩固到金融！

中央政府以宏觀調控不斷去除市場泡沫，的確，宏調是最重要且核心的手段，不過很多人不明白，以為宏調只是社會主義國家的管制措施，如果用管制的理念和角度看可能是的，但如果用投資或者資產的角度去看，就看到很多不同的東西了。

調控去除泡沫等於鞏固樓價

首先，去除泡沫其實是為市場減低風險，去除泡沫亦是等於鞏固樓價，很多人誤以為政府出手管控樓市就等於樓價會受壓力大跌。這是非常天真和嚴重的錯誤觀念，現實是相反的，更何況，在調整期去除泡沫的同時，其實必聚積購買力，這些積聚的購買力，也其實是下一回合樓價上升的能量啊！這正是龍市理論裡面的龍市一期及龍市二期所表述的，是一個優秀的資產管理策略。

中國在過去20年，製造到最多的百萬富翁，而且不斷宏調之下大部份的資產也是低借貸的，成績遠遠比「金本位」和「銀本位」更驕人。

還有一點是「磚本位」比「銀本位」和「金本位」更優秀的是，中國土地無限，以其成為金融的本位，並不會像金本位般，在量化

貨幣的過程中受到貴金屬的產量限制，亦不會在量化過程裡面因為貴金屬供應有限而被投機扭曲！

只要，政府調控市場的借貸率至極低點，房地產便成為「硬資產」，在龍市式的不斷調控去除泡沫後再不斷上升，令到富者愈富。但只要財富分配均勻上有改善，能有更多人受惠就是一個好制度。

平衡點：需資助房屋配合

當然，磚本位這制度的平衡點在於需要龐大的資助房屋去配合，因為若在龍市模式下市場不存在泡沫爆破的話，即是我們也不可以好似西方泡沫經濟般透過泡沫爆破去將社會財富轉移（炒家損手下樓價大跌，讓本來買不起樓的人可以買得起），因此內地的保障房每年以百萬計。以其中一個內地城市深圳為例，當局預計到2035年會新興建100萬個保障房和70萬個商品房。這樣就可以分配到利益給更多的人。

如果我以上說的是對的，不少香港人近年的決定就大錯特錯了！而最錯的就是與正確方向完全相反去行事，他們錯失了量化貨幣引起的資產升值潮，而量化貨幣更衍生了低息潮。一些人還沉迷美國剪羊毛會製造樓價大跌。當中還有將自己住的樓賣了去「等跌」希望「賺得最盡」。

另外一個長期錯誤是：既然是透過房地產作財富分配，香港也應大量增加土地供應，但是，香港人堅持不斷反對造地，他們似乎不知道「有土地就有分配」、「無土地就算想分配給你也不行」，希望香港人士透過了解「龍市」和「磚本位」可明白市場和社會利益是如何運行和怎麼分配，寄望之後不要再去做一些夜郎自大、自以為聰明的傻事了。

5.3
解構金管局的
貨幣制度

資金增長是推動龍市其中一個強而有力的因素，要能夠準確分析資金情況，大家需要認識本港的貨幣制度，了解數據是如何正確解讀，希望下文的解說，對大家認識香港的資金流向更有幫助。

17點你需要知道的知識

1. 香港的貨幣政策目標是維持貨幣穩定，亦即是保持港元匯價穩定，使外匯市場上港元兌美元的匯率保持在7.8港元兌1美元左右的水平。

2. 維持貨幣匯價穩定，對香港十分重要。因為香港是一個高度外向的經濟體系。無論就本地進行的商業活動的性質或公眾信心而言，維持港元匯價穩定對香港都有特別重要的意義。

3. 香港於1983年10月實施聯繫匯率制度,該制度是一個貨幣發行局制度。貨幣發行局模式規定,港元貨幣基礎由外匯基金持有的美元儲備提供最少百分百的支持,而港元貨幣基礎的任何變動亦要百分百與該等美元儲備的相應變動配合。

4. 貨幣基礎包括已發行的紙幣和硬幣、持牌銀行在金管局開設的結算戶口的結餘總和(即總結餘)及未償還的外匯基金票據和債券。

5. 港元紙幣及硬幣均獲得存於外匯基金的美元按7.8港元兌1美元的固定匯率全面支持,其變動亦由該等美元儲備的相應增減配合。

6. 自1998年9月起，金管局向持牌銀行明確保證，會將這些銀行的結算戶口內的港元兌換為美元。

7. 金管局在2005年5月18日推出強方兌換保證，在7.75的水平向持牌銀行買入美元，並宣布將金管局在7.8水平出售美元予持牌銀行的弱方兌換保證移至7.85的水平，讓強弱雙向的兌換保證能對稱地以聯繫匯率7.8為中心點而運作。在強方及弱方兌換保證水平所設定的兌換範圍內，金管局可選擇進行符合貨幣發行局制度運作原則的市場操作，以促進貨幣及外匯市場暢順運作。

8. 在香港，貨幣基礎的組成部份包括：

a. 已發行負債證明書（用作支持銀行紙幣）和由政府發行的紙幣及硬幣；

b. 持牌銀行在金管局的結算戶口結餘總額，即總結餘（開設這些結算戶口的目的，是結算銀行相互間和金管局與銀行之間的交易）；

c. 未償還外匯基金票據和債券總額。

9. 已發行負債證明書和硬幣：香港的紙幣由3家發鈔銀行負責發行。發鈔銀行在發行紙幣時必須按7.80港元兌1美元的兌換匯率向金管局交出美元（有關美元記入外匯基金帳目內），以換取負債證明書（法例規定用作支持所發行的銀行紙幣）。換言之，港元

銀行紙幣由外匯基金所持的美元提供十足支持。至於由政府經金管局發行的紙幣及硬幣，則由代理銀行負責存放和向公眾分發。金管局與代理銀行之間的交易也是按7.80港元兌1美元的匯率以美元結算。

10. 總結餘：在規範化的貨幣發行局制度下，總結餘會因應資金流入及流出港元而增加或減少。金管局提供港元匯率強於及弱於聯繫匯率7.80港元兌1美元的水平的雙向兌換保證。金管局承諾在7.75港元兌1美元的水平向持牌銀行買入美元（強方兌換保證），以及在7.85港元兌1美元的水平向持牌銀行出售美元（弱方兌換保證）。金管局在香港及紐約的辦事處共同提供24小時的雙向兌換保證予香港所有持牌銀行，包括其在香港以外的海外辦事處。在7.75至7.85的兌換範圍內，金管局可選擇進行符合貨幣發行局制度運作原則的市場操作。這些市場操作的目的是為確保貨幣及外匯市場暢順運作。

11. 未償還外匯基金票據和債券總額：一直以來，發行外匯基金票據和債券的收益都會在其後被轉換為美元資產。金管局也保證只會在資金流入的情況下才增發外匯基金票據和債券，確保所有新發行的外匯基金票據和債券都得到外匯儲備的十足支持。1999年4月1日起，外匯基金票據和債券的利息可用作擴大貨幣基礎，金管局則為此增發外匯基金票據和債券以吸納這些利息。這種方法完全符合貨幣發行局的原則，原因是外匯基金票據和債券的利

息支出已由貨幣基礎的美元資產所得利息收入提供支持。這項安排使外匯基金票據和債券計劃得以自然擴展。

12. 在港元與美元負息差擴闊帶動套息活動的背景下，金管局在2018年和2019年（截至5月）分別承接港元沽盤1,035億和221億，入市捍衛港元匯率。

13. 2019年5月底，總結餘仍有542.95億，未償還外匯基金票據及債券仍有10,667.26億。

14. 金管局已承諾，只會在有資金流入的情況下才發行新的外匯基金票據及債券，以確保增發的外匯基金票據及債券得到外匯儲備的十足支持。同時，金管局可以隨時準備透過調整外匯基金票據及債券的發行量以提供額外流動性，以應對港元資金的各種情況。

15. 市場誤解（1）套息令到港元大量流出本港。

筆者對這個看法一直感到莫名其妙，套息和資金流出本港其實是兩碼子的事，因為套息活動只是一個炒賣活動，無論借香港的錢或者買了美元之後，資金存放的地方亦是以香港為主的，資金並沒有外流到，更加重要的是這些套息活動所借的錢是要還的，所以每當套息活動完畢，我們很多時都會見到一些H按利率（香港銀行同業拆息）會下調，未見有大量流走的趨勢。

16. 市場誤解（2）套息令銀行結餘大減後，香港便要加息。

筆者認為也不對，套息雖然令到銀行結餘大減，但是由銀行結餘
減少去到零，以此作為加息的時間表，筆者認為是脫離了原本的
機制。在機制上，過去多年每有資金大量湧入時，其實香港政府
已把部份銀行結餘以未償還外匯基金票據及債券去吸收。多年以
來，我們共吸收了一萬零六百億，這筆錢是遠高於現在銀行結餘
平均的19倍，於機制上是當資金流走時，將會被釋放出來。既然
有這個機制，縱使金管局可能會因為其策略而提早啟動任何機制
也好，但無論如何，數目上，我們的確有10,600億為資金流走
去作消耗！即是說，其實我們有很長時間，如半年、一年的時間
去解決套息問題，而套息問題並不如渲染般的難解決，金管局在
弱方兌換保證被觸發而介入後，自然令到港元回升，那麼套息便
要面對回升後的匯率風險，套息是正常的金融投資，有關危機是
被嚴重誇大。

17. 金管局亦提醒市民審慎管理市場及利率風險，並為可能出現
的市場波動作好準備。

5.4
M3定律

下文會再就本書經常提及的M3定律，作仔細解釋。

1. 貨幣供應量是指在整個經濟體系內的貨幣總量，我平日撰文用「泛指總存款量」作簡明解釋。

2. 貨幣供應量分M1、M2和M3。按流動性排列，其中M1的流動性最高。

3. 貨幣供應M1是指市民持有的法定貨幣（包括紙幣及硬幣）與銀行客戶的活期存款。

4. 貨幣供應M2是指貨幣供應M1所包括的項目，再加上銀行客戶的儲蓄及定期存款，以及由銀行發行並由非銀行持有的可轉讓存款證。

5. 貨幣供應M3是指貨幣供應M2所包括的項目，再加上有限制牌照銀行及接受存款公司的客戶存款，以及由這兩類機構發行並由非銀行持有的可轉讓存款證。

6. 我多年來提倡「M3定律」，認為2009年之後對房地產市場具有最大影響力的因素其實是急升的資金量，事實上近年樓價升幅往往也是以M3增加比例同步向上。

7. 在通脹下，「太多的貨幣追逐有限的貨物」，從而使該貨物價格上漲。因此，長遠影響樓價最大的因素是貨幣供應量M3，為樓市的長遠結構性提供一個基礎。除此，貨幣供應量亦可反映潛在購買力和資金的流動。

8. 就目前的趨勢而言，近來總體M3的表現處於上升軌。因此我們有理由相信，香港資產市場仍然是面對資金氾濫的局面。

9. 回望香港M3過往的增長，1997年7月底是2.89萬億港元，2007年7月底是5.51萬億港元，2020年7月底是15.53萬億港元。因此2020年香港的貨幣供應是1997年的5.4倍，是2007年的2.8倍。

10. 儲蓄存款和定期存款的資金量在2016年至2017年期間都是以相若的水平增加中。二者都是由約4.5萬億水平上升至約5.5萬億水平。2018年開始出現儲蓄存款減少和定期存款大

幅增加的情況。截至2020年7月31日，儲蓄存款由約5.5萬億水平經過下降再回升至約5.8萬億的水平，定期存款由約5.5萬億水平則經過上升再回落至約6萬億的水平。

11. M3可分港元M3和外幣M3，由此可看港元和外幣的資金需要，大部份時間港元M3和外幣M3都是在相若的水平。

12. 美元存款和人民幣存款數據，可看兩個大國貨幣在香港的流動和使用情況。截至2020年7月31日，美元存款價值有5.3萬億港元，人民幣存款有約6,583億人民幣。

5.5
樓市展望
龍市延續

來到執筆之時，即 2020 年 7 月，美國總統特朗普簽署《香港自治法案》，對於筆者一直提倡的龍市理論有沒有影響？筆者認為對香港樓市的影響是「濕濕碎」的。

中國因素主導

我用「濕濕碎」來形容《香港自治法案》對樓市的影響，原因是時移勢易，美國甚至西方國家並沒有足夠的能耐改變香港樓市的結構，因為近十年香港的樓市昇平早已不建基於殖民地時代的西方元素，已改變為以中國主導、綜合國際及高度儲藏財富效應為一體，筆者試以數據陳列。

2019 年美國在香港的貿易佔比，其貿易總值只是 6.2%，進口只是 4.8%，港產品出口是 7.7%，轉口只是 7.6%；及根據工業貿易

署2018年數據，內地經香港出口到美國的貨品約佔其總出口的8%，貨值為370億美元，而內地經香港進口的美國貨品佔其總進口6%，貨值為100億美元，簡單地說美國貿易對香港重要，但失去了並不致命。受到衝擊遠比香港抗爭活動或疫情為少！

除此美國近兩年更在香港賺取311億美元和261億美元的貿易順差，香港是少有一個大都市是令美國能夠得到貿易順差，中美關係的緊張帶來的結果可能將令美國失去這珍貴的貿易順差。

沒過度依賴美國經濟

又有報導「美國可能會抵制中資或者相關銀行使用環球銀行金融電信協會（SWIFT）商貿系統，切斷中資行對國際銀行的金融連接令香港金融系統會大亂」，筆者認為，SWIFT曾幾何時的而且確是一個重要的商貿系統，但隨著時代過去，其重要性不斷減低，系統紀錄說人民幣長期只佔全球交易量的不足2%，就知道中國沒有依賴這個系統，就算是美國盟友歐盟亦已和伊朗建立了另一套系統INSTEX，2019年已經是繞過了SWIFT。

另外還有我們幾年前提出的「C2C」，即是說國家與國家不用美式平台而是直接兌換的現金方式，更有大家都熟悉的網上結帳及區塊鏈技術，對SWIFT的依賴已不是從前的那樣。

美國經濟日益千瘡百孔。十多年來一直嚴重忽略的是「美國的虛弱和中國的強大」，公眾體會到的一直也嚴重的失真。

美國，在2002年已經開始出現財政赤字，入不敷支下，只有一直以發債求存，直至到現在，美國赤字已經去到2.26萬億美元（2020財年首9個月），而美債的規模亦去到26.5萬億美元新高，美國沒有將量化貨幣及增加美債的利益去改善民生，美國國內不單只出現「1比99」的貧富懸殊，而且失業率更曾高達20%(4月份數據)，另外，美國股票市場亦岌岌可危，在2月下旬開始出現

龍市樓論

股災之後，美國 3 月 23 日宣布啟動無限量化去面對股災，無限量化自然衍生無限發債。

資金流直接影響樓市的息率和購買動力，因為要追尋資金流的關係，所以整理了很多數據，歸納了不同國家央行的資產負債表，見到有些國家在高 GDP 之下，負債發債的走勢有如「龍市」走勢圖，升跌有序，長遠地鞏固拾級而上。亦有一些國家在長期赤字之下，近期發債是 V 型反彈地海量增加，無錯，圖表技術分析反映到向好那一個是中國，而極端惡劣的國家是美國！美國在不斷發債之餘，外資的美債持有量在 2020 年 3 月份更創了 2000 年以來的單月最大減持，而且在 4 月持續減少，美債現在已膨脹到 26.5 萬億美元，但只有 6.8 萬億美元是外資持有，美國不斷出現赤字，卻不斷發債，買債的外資卻減少，即是說美國很大機會是自己買自己債，如此高危的投資竟全世界「落搭」。

而根據最新的資料，4 月份在減持美債的國家之中多了兩個新成員，就是英國及法國，加上，較早前已開始減美債的沙特阿拉伯，美國的親密盟友悄悄出走，的確耐人尋味。

「西去東來」 大勢所趨

很多人忽略了香港金融中心的重要性，若香港金融中心地位穩定自然資金充足，市場便可以維持平息時期了，但在另一方面來

說，香港金融中心其實仍然有很大成長空間的，香港股票市場的市值只是約美國十分之一，如果「西去東來」真的大勢所趨的話，香港金融中心規模倍增的機會其實是頗大的。

2020年首6個月，香港交易所主板成交金額比去年首6個月（即社會運動未開始前）上升了23%，這是一個很大的幅度，在疫情之下，香港更是反映出高度的穩固及行政信用，我認為今天香港已算是信用最高的金融中心，我們法治及行政也十分良好，在疫情之後，西方國家包括有關金融中心的表現的確是欠佳的，香港不會像他們一樣隨時改規則，甚至不讓銀行向小股民發放合理應該收到的股息。

港不會出現量化貨幣泡沫

香港股票市場表現良好，是其他西方金融中心遠遠不及的，樓市尤其住宅方面正正在天災人禍之下沒有出現大跌，發揮到保障市民財富的功能。根據差餉物業估價署數據，最新截至2020年5月份的私人住宅樓價指數按月比較是上升1.9%，對比歷史高位2019年5月則只是下跌了3%，而對比2020年谷底2月份的時候則已經是回升了3.1%。

在官方貨幣政策的結構上，香港更沒有主動量化貨幣的機制，我們只有回應資金流入的被動機制，所以我們香港的經濟是不會出現量化貨幣的泡沫，以現在來說，這是獨有的強大優勢，西方國家經常說香港會有走資，但實情是西方國家已經不斷出現走資情況，而香港仍然固若金湯。香港仍然是福地，值得大家自豪、投資及安居樂業的！

5.6
未來變化
何去何從

當年，筆者撰寫「龍市理論」是想向市場說真話，報導市場真實一面是我們的價值，不過，真話說了一遍又一遍，看錯市的人卻也錯了一次又一次，而且不少人每次錯也是重複運用上次已誤判形勢的理據，我心想：這些道理、邏輯其實已經一早改變了，上次已經「唔work」，為何又會覺得現實再改變後的今天，那些過時的觀點會再實用？

人們都是只顧著「贏」，希望自己預測的可以準確並得到掌聲！其實最重要應該是這個世界和市場正在如何改變？

「龍市理論」會演變下去

所以我決定將我評估樓市的學問「龍市理論」出書，我只是想將我見到的市場真相具體和各位分享，因為具體分享才可以得到公眾持續的討論，我的學問才可以繼續和市場互動變化，因為沒有任何一個學問是真理，所謂真理也只是一段時間內合適而已，因

188

此理論恒常實踐和修正才對。當然,我另外想提倡的就是希望香港人發展合適自己的市場理論,勿再拾外國財演的牙慧,不要翻炒舊理據了!中國人應有自己的一套!「龍市理論」日益受到市場認同,除了我們預測和評論樓市上的卓越成績外,我們更脫離了西方經濟理論給予的枷鎖,我們是從新根據市場的數據並不斷去實踐發展出來。

「龍市理論」當然會繼續演變下去,今天我們得到的理論雖然已很可貴,但由2009年至今只出現了四次的龍市經驗,我們不應該認為會完全準確,但我深信已可以比傳統的牛熊理論知得更多及印證得更好。

希望「龍市理論」可給到更多的參考角度給各位,我樂意繼續與大家分享我們的研究結果的。

最後,我要強調龍市的市場結構是可以改變的,若有一天我們的樓市脫離了低借貸、高資金、供應不足、高價格等結構的話,龍市時代便結束。也當然,我們應預算,若有一天中國的經濟進一步成長的話,也可以放棄龍市,可以改變為牛熊市,甚至更新的市場模式。

過去十多年,因追尋資金流而衍生的「龍市理論」,的確是令筆者的投資得到滿意的收穫,而近年有關理論甚至對我投資在香港股票市場亦有所收穫,期望這個探討中國資金及市場法則的「龍市理論」,在未來可以提供更廣闊的體驗及理據予各位。

我們邀請各位在雲端再相聚

Twitter

微博

Facebook

Instagram

Wealth 122

龍市樓論

作者	汪敦敬
出版經理	呂雪玲
責任編輯	Wendy Leung
書籍設計	Stephen Chan
相片提供	Getty Images

出版	天窗出版社有限公司 Enrich Publishing Ltd.
發行	天窗出版社有限公司 Enrich Publishing Ltd.
	香港九龍觀塘鴻圖道78號17樓A室
電話	(852)2793 5678
傳真	(852)2793 5030
網址	www.enrichculture.com
電郵	info@enrichculture.com
出版日期	2020年9月初版

承印	嘉昱有限公司
	九龍新蒲崗大有街26-28號天虹大廈7字樓
紙品供應	興泰行洋紙有限公司

定價	港幣 $138　新台幣 $580
國際書號	978-988-8599-50-9
圖書分類	(1)工商管理　(2)投資理財

支持環保　此書紙張經無氣漂白及以北歐再生林木纖維製造，並採用環保油墨